The Secret School

어린이를 위한 시크릿

|완성편| 프랭클린 스쿨

꿈을 이루는 자기 관리의 열세 가지 비밀 | **완 성 편** |

어린이를 위한 시크릿
프랭클린 스쿨

글 전미옥 · 이우형 | 일러스트 김민선 | 만화 강성남

머리말

자기 삶을 사랑하는 방법, 어린이들에게 가장 주고 싶은 선물입니다

　사람이 살면서 행복감을 느낄 때는 여러 가지 상황일 때입니다. 여러분이 행복하다고 느낄 때는 어떤 때인가를 생각해 보세요. 칭찬을 들었을 때, 시험 점수가 잘 나왔을 때, 맛있는 것을 먹게 되었을 때, 만화영화 볼 때, 컴퓨터 게임할 때, 선물을 받을 때……. 이 밖에도 많을 것입니다. 그런데 이런 즐거움과 행복감이 얼마나 오래 가는지 생각해 본 적 있나요?

　보통 오래 가지 않는 것들이 대부분일 것입니다. 맛있는 것도 먹을 때뿐이고, 만화영화도 볼 때뿐이고, 컴퓨터 게임도 역시 게임할 때까지만 즐겁고 행복하지 않나요? 그런데 그 즐거운 일들을 멈추고 정말 해야 할 다른 일을 앞에 두면 갑자기 안 아프던 머리도 아픈 것 같고, 다 귀찮은 생각이 들고, 게임 생각이 더 간절해지고, 심하면 불행하다는 생각까지 들기도 할 것입니다.

　사람은 이처럼 자기가 하고 싶은 일을 하면서도 행복감을 느끼지만, 살아가면서 꼭 해야 할 일들을 꾸준히 잘 해내는 과정에서 사실 더 큰 보람과 행복을 느낍니다. 생각할수록 자신이 기특해지는 경험입니다. 여러분도 그런 일들을 경험한 적이 많지요?

　특히 성장기에 있는 여러분은 그 시기를 놓치지 않고 꼭 해야 할 일들이 많습니다.

　이 책은 여러분이 꼭 해야 할 일들 앞에서 자기가 목표하고 계획한 일을 이룰 수 있게 해 주는 '벤자민 프랭클린의 열세 가지 덕목'의 비밀을 5학년 4반 친구들의 이야기를 통해 재미있게 들려줍니다. 많은 어른들이 오랜 세월을 살아오면서 터득하게 된 '인생을 잘 사는 비밀' 같은 건데요, 사실 어른들도 뒤늦게 깨달은 것들이 많습니다.

　그런데 왜 어른들은 이런 이야기를 어린이들에게 들려주고 싶어 할까요? 그것은 습관 때문입니다. 좋은 습관은 어릴 때 더 잘 들일 수 있고, 혹시 나쁜 습관이 들었다 하더라도 어릴 때는 더 빨리 쉽게 고칠 수 있기 때문입니다. 어른이 되면 많은 의지와 노력, 시간을 들여야 잘못된 나쁜 습관을 고칠 수 있습니다. 이미 어른들은 몇 십 년씩이나 되는 오랜 세월 동안 그 습관이 몸을 지배해서 그 반대쪽으로 자기 생활 습관을 바꾸는 일이 정말 어렵습니다.

　이 책을 보면서 여러분의 생활이 달라진다면 여러분은 오래오래, 어쩌면 평생 행복해지는 방법을 전수받은 것과 다름없습니다. 자신을 사랑하고 자기 삶을 잘 가꾸고 타인과 함께 더불어 행복하게 사는 방법을 알게 되었기 때문입니다.

　여러분의 행복은 나아가 우리 사회, 우리나라의 행복입니다.

　여러분의 성공은 또 우리 사회, 우리나라의 성공이기도 합니다.

　행복하게 성공하는 어른으로 자라길 바라는 어른들의 간절한 소망을 담아 이 책을 사랑하는 어린이 여러분께 선물합니다.

전미옥 | CMI 연구소 대표
(한국 청소년 경제교육문화원 원장, 자기 계발과 커리어 관리 전문가)

차례

9 삼총사 대 삼총사
  - 자랑스런 5학년 4반 어린이상에 도전장을 낸 찌질이삼총사와 고삼총사. 두 삼총사의 선의의 경쟁이 시작되었다.

19 첫 번째 덕 /절제의 비밀
  - 덕이는 군것질과 게임의 유혹에서 벗어나 절제의 덕을 실천할 수 있을까요?

33 두 번째 덕 /절약의 비밀
  - 찔레는 가치 있는 일에 돈을 쓰기 위해 절약의 덕을 배울 수 있을까요?

47 세 번째 덕 /침착의 비밀
  - 소심한 아람이가 자신의 실수에 더 이상 흔들리지 않고 침착의 덕을 실천할 수 있을까요?

61 네 번째 덕 /진실의 비밀
  - 덕이는 회장 선거에 내건 공약을 지키기 위해 진실의 덕을 실천할 수 있을까요?

77 다섯 번째 덕 /질서의 비밀
  - 학교 행사로 피곤해진 삼총사들은 시간을 아끼고 정리하는 질서의 덕을 실천할 수 있을까요?

89 여섯 번째 덕 /순결의 비밀
  - 아람이는 야동 사건으로 받은 오해를 풀기 위해 순결의 덕을 실천할 수 있을까요?

101 일곱 번째 덕 /근면의 비밀
  - 중간고사에서 원하는 성적을 얻기 위해, 삼총사는 땀 흘리는 근면의 덕을 실천할 수 있을까요?

115 여덟 번째 덕 /청결의 비밀

- 게으름에 빠져 지저분해진 삼총사. 몸과 마음을 맑게 닦아 줄 청결의 덕을 실천할 수 있을까요?

127 아홉 번째 덕 /결단의 비밀

- 노력해도 좋은 결과를 얻지 못해 고민하는 아람이는 결단의 미덕을 배울 수 있을까요?

141 열 번째 덕 /침묵의 비밀

- 삼총사는 거짓 소문을 낸 고삼총사와의 사이를 치료하는 약으로 침묵의 덕을 실천할 수 있을까요?

155 열한 번째 덕 /중용의 비밀

- 고삼총사 란미와 한바탕 몸싸움을 한 찔레는 마음을 다스리는 중용의 덕을 실천할 수 있을까요?

167 열두 번째 덕 /정의의 비밀

- 고삼총사의 잘못된 호기심으로 어린이상의 주인공이 사라지려는 위기에서 삼총사는 정의의 덕을 배울 수 있을까요?

189 열세 번째 덕 /겸손의 비밀

- 새롭게 시작된 두 삼총사의 우정. 그들은 작은 성공에 우쭐대지 않고 자신의 부족함을 채워 나가는 겸손의 덕을 실천할 수 있을까요?

201 마지막 이야기

- 프랭클린 스쿨에서 자기 관리의 열세 가지 비밀을 전해 받은 삼총사. 자신의 꿈을 이루기 위해 프랭클린 스쿨에서 배운 열세 가지 덕목을 실천해 나간다.

삼총사 대 삼총사

우리 마음속에 캐내지 않은 보석이 있어.
진흙 속의 진주처럼
보이지도, 만질 수도 없지만
영롱한 빛을 머금은 채 너의 손길을 기다리는 보석.

.

.

.

사람의 곧은 마음, 바른 마음을 나타내는
이 보석의 이름은 바로

.

.

.

'덕'이야.

2학기가 시작되자 5학년 4반에 작은 사건이 생겼다. '자랑스러운 5학년 4반 어린이상'이 생긴 것이다.

"공부면 공부, 운동이면 운동, 우정이면 우정. 2학기 동안 누가 가장 열심히 생활했는지 한번 알아보자꾸나. 매주 마지막 수업 시간에 모두 투표해서 방학하는 날 어린이상의 주인공을 뽑는 거야. 그러니까 이 상은 2학기 최우수 어린이에게 주는 영광의 상이지."

어린이상을 생각해 낸 건 선생님이었다. 상 받기 좋아하는 아이들은 모두 흥분했다. 모두들 '최고의 학생', '영광의 상'이라는 말에 더욱 깊은 인상을 받았다.

쉬는 시간이 되자 또 다른 사건이 벌어졌다. 삼총사와 삼총사가 말다툼을 벌인 것이다.

"너희는 죽었다 깨어나도 이 상을 받을 수 없을걸?"

먼저 시비를 건 쪽은 고삼총사인 재민, 현동, 란미였다. 입만 열었다 하면 수재, 영재들만 가는 고등학교에 입학할 거라고 떠드는 아이들. 그래서 별명도 고삼총사였다. 말할 것도 없이 4반에서 제일 잘 나가는 아이들이었다.

"흥, 길고 짧은 건 대 봐야 알지. 우리가 받으면 어쩔

래?"

반격에 나선 건 찌질이삼총사. 찌질이삼총사란 덕이, 찔레, 아람이를 말했다. 5학년 4반의 최고 문제아들로 꼽히는 덜렁덜렁 덕이, 까칠까칠 찔레, 소심지존 아람.

한동안 이어지던 말다툼은 뜻밖의 내기로 이어졌다.

"좋아, 우리 중의 누구 하나라도 어린이상을 받게 되면 그쪽 삼총사가 이기는 걸로 해."

"좋아, 그럼 벌칙은 뭘로 할까?"

"내년 한 해 동안 매주 떡볶이 내기, 어때?"

삼총사 대 삼총사, 양보할 수 없는 자존심의 대결!

이렇게 하여 삼총사 간의 물러설 수 없는 한판 승부가 시작되었다.

그렇지 않아도 만나기만 하면 으르렁대는 두 삼총사였다. 고삼총사는 찌질이삼총사를 무시했고, 찌질이삼총사는 잘난 척한다고 고삼총사를 싫어했다. 반 아이들은 흥미로운 표정으로 내기의 증인이 되기로 했다.

그날 오후, 찌질이삼총사는 덕이 외삼촌의 지하 음악실에 모였다.

"아유, 분해. 얄미운 고삼총사 자식들을 꼭 눌러 주고

말 거야!"
찔레가 분통을 터뜨렸다.
"우리가 너무 무리한 거 아닐까? 우리가 어떻게 고삼 총사를 이겨?"
아람이가 걱정스레 말하자 덕이가 흘겨보았다.

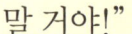

"그러니까 이렇게 모였잖아. 여기서 녀석들 코를 납작하게 해 줄 비밀 작전을 짜는 거야. 당분간 이곳을 비밀 본부로 쓰기로 하자."

찔레와 아람이는 음악실 안을 둘러보았다. 며칠 전부터 묵기 시작한 벤 할아버지가 청소를 하지 않아 음악실은 엉망진창이었다.

벤 할아버지는 정체를 알 수 없는 노인이었다. 삼촌의 음악 친구라는 것과 삼촌이 해외 여행에서 돌아올 겨울까지 이곳에서 묵을 예정이라는 것밖에는 덕이도 아는 것이 없었다. 어깨까지 치렁치렁하게 내려온 흰 머리카락, 조그만 코안경, 언제부터 입었는지 알 수 없는 오래된 양복. 그러나 마음만은 아주 인자해 보였다.

"우선 의논 좀 하자. 어떻게 하면 녀석들을 괴롭힐 수 있을까?"

"글쎄, 뭐가 좋을까……."

처음 이곳에 올 때까지만 해도 기세등등하던 아이들이었다. 그러나 작전 회의를 시작하면서 점점 꿀 먹은 벙어리가 되었다.

당연한 일이었다. 찌질이삼총사가 고삼총사보다 잘하

는 것은 아무것도 없었다. 공부도, 운동도, 친구들과의 사이도 그다지 좋지 않았다.

"정 안 되면 고자질을 해서라도 이길 거야. 저번에 피구할 때 금 밟고도 시치미 뗀 거, 란미가 화장실 갔다가 손 안 씻고 나온 거. 그런 거 다 일러바치면 아이들도 고삼총사에게 표를 주지 않을걸."

마침내 찔레가 답답한 분위기를 깨고 말했다.

"고자질은 나쁜 짓이잖아."

아람이가 놀란 표정이 되었다. 찔레는 콧방귀를 뀌었다.

"상관없어. 무시당하는 거보다는 낫잖아."

그때 음악실 한구석의 검은 커튼이 와락 열렸다.

"깜짝이야!"

아이들은 놀란 가슴을 쓸어내렸다. 안에서 나온 건 벤 할아버지였다.

"고삼총사를 이기고 싶다고? 그렇다면 내가 좋은 방법을 알려 주지."

아이들은 또 한 번 깜짝 놀랐다.

"고삼총사를 이길 수 있는 좋은 방법이 있다고요?"

"그래."

"그게 뭔데요?"

아이들의 눈빛이 반짝거리기 시작했다.

"……그건 바로 덕을 익히는 거란다."

"덕을 익혀요? 절 익혀서 뭐하시려고요?"

덕이의 말에 할아버지가 껄껄 웃었다.

"널 익히는 게 아니고……. 덕이란 사람 마음속에 있는 좋은 심성을 말한단다. 그걸 너희들 마음속에서 하나씩 불러내 배우고 실천하는 거지."

"겨우 그런 걸로 고삼총사를 이길 수 있다고요?"

아이들은 눈을 반짝이면서도 미심쩍어했다.

"그럼!"

벤 할아버지는 분명하게 대답했다.

"덕을 제대로 익히면 고삼총사보다 훨씬 더 강한 적도 이길 수 있어."

"더 강한 적이라고요? 그게 누구예요?"

"바로 너희 자신들이지. 만약 너희들이 아무리 힘들어도 꿋꿋이 덕을 배울 마음만 가질 수 있다면……."

벤 할아버지는 말을 멈추고 찬찬히 아이들을 둘러보았다.

"난 너희들의 꿈을 이루게 해 줄 수 있단다. 어때, 한

번 도전해 보겠니?"

"……."

아이들은 아무 대답도 할 수가 없었다. 과연 벤 할아버지의 말이 희망을 가져다줄 수 있을지 확신이 서지 않았기 때문이다.

첫 번째 덕

절제의 비밀

미래로 나아가는 길에는 곳곳에 늪이 있어.
빠져나오려 하면 할수록 더욱 깊게 빠져드는
달콤한 유혹의 늪.
유혹에 들뜬 가슴에는
차가움과 날카로움이 필요해.
게으른 육체에는
성실함과 부지런함이 필요해.
'절제의 덕'은 우리를 늪에서 건져 줄
밧줄이란다.

미래로 향하는 날개

"에이, 왜 안 오지?"

찔레가 화가 나서 소리쳤다.

"나쁜 녀석, 약속을 잊은 게 분명해!"

아람이도 얼굴을 잔뜩 찌푸렸다. 수업이 끝난 학교 정문 앞은 한산했다. 덕이는커녕 덕이 비슷한 그림자조차 보이지 않았다.

그 시각, 어두컴컴한 게임방 안은 아이들로 가득했다. 그 한구석에 구불구불 라면발 같은 곱슬머리가 보였다. 살짝 하늘을 올려다보고 있는 들창코, 장난기 가득한 작은 눈, 바로 덕이였다.

깨동동 파이터. 덕이가 하고 있는 건 요즘 가장 인기 있는 게임 중 하나였다. 지금 깨동동과 혈투를 벌이는 건 샤탈의 무리. 여전사 팡팡미가 보낸 원더돌들과의 전투였다.

덕이는 팔이 빠져라 키보드를 두드려 댔다.

'아악, 이게 뭐야! 동시 공격이라니. 아악, 안 돼……'

덕이는 멍한 눈길로 모니터를 쳐다보았다. 원더돌과 팡팡미가 승리의 춤을 추고 있었다.

'으이구, 얄미운 것들! 어디 두고 보자.'

덕이는 입술을 깨물며 다시 한 번 도전에 나섰다. 바로 그때였다. 누군가 덕이의 뒷덜미를 낚아챘다. 깜짝 놀라 돌아보니 찔레와 아람이였다.

"덕이 너!"

'아차!'

덕이는 그제야 약속이 떠올랐다. 약속 시간은 벌써 한 시간이나 지나 있었다.

세 아이는 동네 가옥 형태 조사 숙제에 한 조가 되었다. 이틀 뒤면 선생님에게 내야 할 숙제였다. 하지만 이제 숙제는 할 수가 없었다. 찔레와 아람이가 학원 갈 시간이 다 되었기 때문이다.

"미, 미안해……."

덕이가 기어 들어가는 목소리로 사과했다. 찔레와 아람이는 찬바람을 일으키며 게임방을 나가 버렸다. 덕이는 입맛을 다셨다.

'너무해, 사과를 하는데 받아 주지도 않다니…….'

그러나 다음날 오후에도 똑같은 일이 벌어졌다. 20분이나 지났는데도 덕이가 나타나지 않았다.

"나쁜 녀석, 이번엔 용서하지 않을 테다!"

찔레와 아람이는 성난 얼굴로 거리로 나왔다. 덕이와 마주친 건 그때였다. 덕이가 분식집이 있는 골목에서 어슬렁거리며 나온 것이었다. 무엇인가 우적우적 씹고 있는 볼이 풍선처럼 부풀어 있었다.

"억, 너희들……. 캑캑!"

덕이는 기침을 하며 어쩔 줄을 몰라 했다.

"너 정말 정신이 있는 거야, 없는 거야?"

"내일이 바로 숙제 내는 날이라고!"

찔레와 아람이가 동시에 소리쳤다.

"미안해, 정문 앞으로 가는데 갑자기 분식집이 눈에 띄잖아."

"넌 어쩌면 그렇게 참을성이 없니. 약속보다 군것질이 더 중요해?"

그랬다. 덕이가 아이들과의 약속을 어긴 건 이번만이 아니었다. 약속을 어기는 이유도 늘 비슷했다. 무엇이든 눈 앞에 보이는 유혹이 있으면 참지를 못했다.

아이들은 음악실로 갔다. 벤 할아버지가 청동 화분 앞에 쭈그리고 앉아 있었다.

"뭐 하세요?"

"응, 비르뚠 나무의 씨앗을 심고 있단다."

할아버지는 손바닥으로 정성스레 흙을 골랐다.

"비르뚠?"

아이들이 킥킥 웃었다.

"이름은 좀 이상하지만 비르뚠은 세계적으로 아주 귀한 나무란다. 에스파냐 사람들이 남아메리카 대륙을 정복했을 때 발견한 꽃나무인데, 식물계의 애완견이라고 하지."

"식물계의 애완견이라니요? 왜 그런 별명이 붙었는데요?"

"개나 고양이처럼 기르는 사람의 마음을 잘 알기 때문이

야. 그래서 조금만 정성을 들이지 않아도 말라죽고 말지. 이 나무가 희귀한 식물이 된 건 그 때문이란다."
"우아, 신기한 나무네요?"
아이들은 새삼스러운 눈길로 화분을 보았다.
"그런데 오늘은 어쩐 일이냐? 드디어 덕을 배우러 온 게냐?"
할아버지 말에 찔레가 덕이를 째려보았다.
"저희가 무슨 덕을 배우겠어요. 약속도 못 지키는 주제에."
순간 덕이의 얼굴이 새빨개졌다.
"내가 뭐 그러고 싶어서 그랬나……."

벤 할아버지가 말꼬리를 흐리는 덕이를 쳐다보았다.

"흐음, 무슨 일이 있었던 모양이구나. 괜찮다면 어디 한 번 들어 보자꾸나."

"사실은요……."

찔레는 덕이의 못된 버릇에 대해 이야기했다. 벤 할아버지가 고개를 끄덕였다.

"약속이란 사람 사이의 믿음을 지키기 위한 가장 중요한 장치란다. 그런 약속을 이틀이나 연거푸 어겼다는 건 결코 좋은 행동이 아니구나. 게다가 그 이유가 눈앞의 유혹을 참지 못해서라니 더욱 문제인걸."

덕이는 뒤통수를 긁적였다.

"저도 사실은 그게 고민이에요. 머릿속으로는 나쁜 행동이란 걸 알지만, 몸은 머리와 따로 노는걸요. 약속뿐만이 아니에요. 공부를 해야 할 때면 텔레비전이 너무 보고 싶어요. 엄마 심부름으로 마트에 가면 엄마가 부탁한 물건보다 과자들이 눈에 띄어요. 게다가 게임방과 분식점 앞을 지날 때면, 에휴!"

덕이가 한숨을 내쉬었다. 벤 할아버지가 덕이의 어깨를 토닥거리며 이야기를 시작했다.

배고픈 파리 두 마리가 꿀단지 속에 앉았단다. 그곳은 파리들에게 너무나 멋진 세상이었어. 사방에 꿀이 가득해 먹어도 먹어도 줄어들지 않았거든.

잠시 뒤 한 마리가 걱정스레 말했어.

"꿀 때문에 날개가 점점 무거워지고 있어. 어서 이곳을 떠나자."

하지만 다른 한 마리는 그 말을 무시해 버렸단다.

"흥, 이렇게 맛있는 꿀을 놔두고 다른 곳으로 가자고? 너 혼자 가렴."

그렇게 해서 친구는 떠나고, 남아 있는 파리의 날개는 점점 더 꿀로 무거워졌어.

그때 아주 무서운 일이 벌어졌단다. 꿀 단지 속에 빠진 파리를 발견하고 사람이 다가왔던 거야. 파리는 얼른 날아오르려 했지만 이미 날개는 움직일 수 없게 되었어. 결국 파리는 목숨을 잃게 되었지.

"유혹은 달콤한 꿀과 같은 거란다. 한번 그 맛에 넘어간

사람은 더 강하고 달콤한 유혹을 찾아 나서지. 그러다 보면 정말 우리에게 필요하고 꼭 해야 할 일들은 할 수 없게 된단다."

덕이가 부끄러운 듯 고개를 숙였다.

"유혹이란 미래를 갉아먹는 마음속의 벌레란다. 하지만 너무 염려하지 마라. 우리 마음속엔 벌레를 잡는 좋은 약도 있으니까. 약의 이름은 '절제'란다."

"절제!"

아이들이 동시에 말했다.

"사람은 늘 일만 하며 살 수는 없잖니. 쉬기도 하고 놀기도 하고 먹기도 해야지. 하지만 이런 일들은 달콤한 꿀과 같아서 잘못하면 날개가 무거워질 때까지 그 위에 앉아 있기 쉽단다."

아이들이 고개를 끄덕였다. 벤 할아버지는 잠시 말을 끊고 부드럽게 아이들을 바라보았다.

"덕을 익히는 일도 마찬가지란다. 그건 매우 어렵고 힘든 일이지. 그래서 우리는 더욱 큰 유혹에 빠질 위험이 있단다. 그 순간 절제는 유혹에 넘어가려는 우리 마음을 잡고 모든 일을 적당한 상태에서 끝낼 수 있게 해 준단다. 미래로 향하는 우리의 날개를 보호해 주는 거지. 그래서 절제는 모든 덕의 출발점이 되기도 한단다."

"절제가 왜 중요한지 알게 됐어요. 그런데 정말 우리가 덕을 익히면 더 나은 사람이 될 수 있을까요?"

덕이가 밝은 표정으로 말했다.

"글쎄, 덕을 익히는 건 결코 쉬운 일이 아니거든. 하지만 앞으로 하나하나 배워 나가면 되겠지."

"그럼 이곳이 학교가 되는 셈이네요. 벤 할아버지 스쿨."

"아니, 프랭클린 스쿨. 이제부터 너희는 프랭클린의 열세 가지 덕목을 배우게 될 테니까. 프랭클린은 미국의 100달러짜리 지폐 앞면에 그려진 초상화의 주인공이야. 미국인들이 가장 존경하는 인물이지."

찔레가 장난스레 말하자 벤 할아버지가 엄숙하게 대답했다.

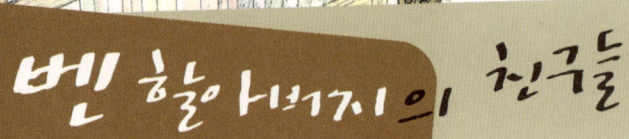
벤 할아버지의 친구들

S. G. 클리블랜드(1837~1908)는 미국의 제22, 24대 대통령을 지낸 훌륭한 정치인이었다.

가난한 집안에서 태어난 클리블랜드는 대학에 갈 수 없었다. 그래서 그는 변호사 사무실에서 일하며 열심히 법률 공부를 했다.

어느 날 고향 친구가 클리블랜드를 찾아왔다. 노는 것을 무척 좋아하는 친구였다. 두 사람은 함께 술집으로 가 이야기를 나누기로 했다.

그러나 술집으로 향하는 클리블랜드의 발걸음은 무거웠다. 오랜만에 만난 친구와 즐겁게 놀고 싶은 마음은 굴뚝같았지만 그보다 더 중요한 일이 있었다.

"아무래도 지금은 술을 마실 수 없겠는걸.
오늘 마쳤어야 할 일을
깜빡 잊었지 뭔가. 미안하지만
술은 다음에 마시기로 하지."
발걸음을 멈춘 클리블랜드는
친구를 향해 말했다.

친구의 비난을 뒤로 하고 사무실로 돌아온
클리블랜드는 의자에 앉았다.
그리고 밤늦도록
열심히 공부를 했다.

세월이 흘러 두 친구의 길은 완전히
달라졌다. 노는 것을 좋아하던
친구는 결국 노숙자 신세가 되었고,
클리블랜드는 미국 대통령의
자리에까지 오르게 되었다.

두 사람의 처지가 이처럼 달라진 건
무엇 때문이었을까. 그것은 바로
먹고 노는 일에 대한 유혹을 참아 내는 힘,
바로 절제할 줄 아는 생활 태도 때문이었다.

> 먹고 마시는 것을 절제하면
> 머리가 훨씬 맑아지고 이해도 빨라져
> 공부에 큰 발전을 가져다준다. - 벤자민 프랭클린

벤자민 프랭클린(1706~1790)은 미국을 건국한 아버지 중
한 사람으로 존경받았을 뿐 아니라, 뛰어난 정치가이자
철학자, 경제학자, 과학자로 많은 업적을 남긴 인물이다.
프랭클린은 어려서부터 대단히 절제 있는 생활을 했다. 그는
먹는 일, 노는 일보다는 자신을 발전시키는 일에 더욱 큰 흥미를 느꼈다.
프랭클린은 열두 살 무렵부터 형이 운영하는 인쇄소에서 일했다.
온갖 심부름을 도맡아야 하는 힘겨운 생활이었다.
독서를 좋아하는 프랭클린에게는 몹시 고통스러운 시간이었다.
늘 공부할 시간이 부족했던 프랭클린은 형에게 점심시간이 되면
혼자 인쇄소에 남아 요리를 해 먹겠다고 했다.
그래서 점심 값의 절반만을 받아 물 한 잔과 빵 한 조각으로
점심을 때우고 절반의 점심 값을 아껴 책을 샀다.
그는 음식을 재빨리 먹어 치우고는 남은 시간을 이용해서 공부를 했다.
그에게는 맛있는 음식이나 잠깐의 휴식보다도
독서가 훨씬 가치 있는 일이었기 때문이다.
프랭클린은 뛰어난 절제력으로 유혹을 극복하고 자신의 발전을 위해
더 큰 노력을 쏟아 부을 수 있었던 것이다.

2 두 번째 덕

절약의 비밀

값비싼 옷이 네 가난한 영혼을
가려 줄 수 있을까?
기름진 음식이 네 건강을
지켜 줄 수 있을까?
사치하는 사람은 아무리 부자여도
늘 모자랄 뿐이야.
손지갑을 열고 싶을 땐
언제나 호루라기를 기억해.
그것이 너를 은은한 향기를 가진 꽃처럼
만들어 줄 거야.

찔레, 생일날 호루라기를 사다

 햇살이 맑았다. 빼빼 마르고 주근깨 가득한 찔레의 얼굴도 오늘따라 유난히 말갛게 보였다. 찔레는 발걸음도 가볍게 거리를 걸었다. 산들바람이 찔레의 단발머리를 찰랑찰랑 흔들었다.
 제과점, 사진관, 24시간 마트를 지나니 은행이 나타났다.
 "이렇게 의미 있는 생일을 보내는 기분도 괜찮은걸."
 찔레는 혼잣소리로 중얼거렸다.
 그랬다. 오늘은 고찔레의 열두 번째 생일. 며칠 전 엄마 아빠가 말했다.
 "친구들과 즐겁게 지내는 일도 좋지만 이번엔 좀 뜻

깊은 생일을 보내는 게 어떨까. 생일 파티에 쓸 돈으로 어려운 사람을 돕는 건 어떻겠니?"

찔레는 곧바로 아프리카 어린이를 돕는 자선단체에 파티 비용을 기부하기로 했다. 찔레가 은행에 가는 이유는 그것이었다. 그런데 은행에 거의 다 왔을 때였다.

"정말 예쁜 스웨터지?"

귀에 익은 목소리가 들려왔다. 찔레는 재빨리 골목 안으로 몸을 숨겼다. 란미가 민아와 혜주랑 옷가게에서 나오고 있었다.

"좋겠다, 엄마가 옷 사 입으라고 돈도 주시고."

민아 말에 란미가 거만스레 턱을 치켜들었다.

"맞아, 우리 엄마는 절대 나 혼자선 옷을 못 사게 해. 이게 뭐냐고, 열두 살에 꽃무늬 원피스나 입고 다니고."

아이들은 까르르 웃음을 터뜨렸다. 웃음 끝에 란미가 말했다.

"우리 피자 먹을까? 내가 한턱 쏠게."

"그래, 그래."

왁자지껄 아이들의 소리가 멀어지자 찔레는 살금살금 길가로 나왔다.

두 번째 덕 * 절약의 비밀 | 35

"쳇!"

찔레는 기분이 상한 채 돌아섰다. 그때 란미가 나온 옷 가게의 간판이 눈에 들어왔다. '미미 주니어'

'흥, 너만 혼자서 예쁜 옷 사 입는 줄 알아?'

찔레는 은행에 가는 일을 까맣게 잊곤 '미미 주니어'의 문을 거칠게 열어젖혔다.

"아줌마, 방금 나간 애가 사 간 옷 어떤 거예요. 그것보다 훨씬 예쁜 스웨터는 없나요?"

찔레는 무릎에 턱을 괸 채 멍한 표정으로 있었다. 새 옷이 든 쇼핑백은 옷장 안에 얌전히 숨겨져 있었다.

'아프리카, 아프리카, 아프리카……. 아냐, 란미가 잘난 체하는 모습은 정말 봐줄 수 없어.'

공부도 잘하고, 친구도 잘 사귀고, 선생님께 귀여움을 받는 란미에게 찔레는 열등감을 느꼈다.

'란미에 비해 난 어떻지?'

까칠까칠하고, 농담 한마디 잘못 하면 벼락이나 치는 찔레를 보고 아이들은 고개를 절레절레 저었다. 그때 마음 깊은 곳에서는 자신을 향한 커다란 목소리가 들려왔다.

'너 때문에 불쌍한 아이들이 도움을 받지 못하게 됐어. 그건 어떻게 책임질래?'

찔레는 벌떡 일어나 밖으로 나갔다. 현관문이 꽝 닫히는 소리가 들렸다. 뒤에서 동생이 뭐라고 외치는 소리도 들렸다.

밤늦게 찾아온 찔레를 보고 벤 할아버지의 눈이 휘둥그레졌다. 그러나 곧 김이 모락모락 나는 차를 내왔다.
"어쩐 일이냐, 이 시간에?"
"……."
찔레는 아무 말도 하지 않았다. 벤 할아버지가 고개를 갸웃거렸다.
"이것이냐, 저것이냐, 그것이 문제로다!"
찔레는 깜짝 놀라 번쩍 고개를 들었다.
"방금 읽던 책에 나온 구절이야. 네가 큰 고민에 빠진 것 같아서 해 본 말이란다."
찔레는 머뭇머뭇 입을 열었다.
"사실은…… 오늘 옷을 샀어요."
"그럼 그게 마음에 들지 않아서 그러는구나."

"그게 아니고, 원래 오늘이 제 생일이거든요."
"저런, 왜 진즉 얘기해 주지 않았니?"
찔레는 멋쩍게 웃었다.
"이번 생일은 아무한테도 얘기하지 않기로 했거든요. 생일 파티 할 돈으로 아프리카 어린이를 돕기로 했어요. 그런데 은행에 가다가……."
말끝에 찔레는 휴, 한숨을 지었다. 그러고는 낮에 있었던 일을 털어놓았다. 란미에 대한 경쟁심 때문에 필요하지도 않은 옷을 샀다는.
"뭐 옷은 저만 샀나요. 게다가 제 생일인데 그 정도는 괜찮지 않나요?"
변명하듯 말하던 찔레는 그만 고개를 푹 떨어뜨렸다. 벤 할아버지가 찔레의 손을 부드럽게 토닥여 주었다.
"그래, 오늘 일이 소중한 배움의 기회가 됐겠구나. 좋은 경험을 한 거지. 사실 우리들은 돈을 가치 있게 쓰는 법에 대해 제대로 배우지 못했단다."
"어떻게 하면 돈을 가치 있게 쓸 수 있을까요. 절약해서 남을 도우면 될까요?"
"물론 그것도 좋은 방법이지. 하지만 꼭 남을 도와야

만 가치 있는 건 아니란다. 자신을 위해서 돈을 쓸 때도 마찬가지야. 사람들은 자신에게 꼭 필요한 일에 지갑을 여는 것보다 물건들이 지갑을 열게 하는 경우가 많지. 옳지, 내 어릴 때 얘기를 들려주마. 그럼 내 말이 무슨 뜻인지 알 수 있을 거야."

내가 일곱 살 때의 일이니 까마득한 옛날이로구나. 어느 날인가 내 호주머니에 동전이 가득 들어 있던 날이 있었지. 왜 그렇게 됐는지는 잊었지만 아무튼 나는 몹시 기뻤단다.

난 곧장 가게로 달려가서 아주 작고 예쁜 호루라기를 샀어. 주머니를 탈탈 털어서 말이야.

난 호루라기를 불며 집으로 돌아왔단다. 그 소리를 듣고 형과 누나들이 쪼르르 달려왔지.

"그거 얼마 주고 샀니?"

내가 가격을 말해 주자 형과 누나들이 깜짝 놀라는 거야. 그러고는 마구 놀려 대기 시작했단다.

"네 배나 비싸게 사다니, 그 돈이면 훨씬 좋은 것

들도 얼마든지 살 수 있었을 텐데."

난 그만 엉엉 울었단다. 속아서 산 것도 분했지만 그보다는 나 자신에게 더 화가 났던 거야. 아무 생각 없이 냉큼 돈을 쓰지 않았다면 형과 누나들 말대로 더 좋은 물건을 살 수도 있고, 어쩌면 돈을 아껴 진짜 멋진 일에 쓸 수도 있지 않았을까?

어른이 되어서도 그때의 경험이 잊혀지지가 않더구나. 그래서 난 지갑을 열 때마다 이렇게 되묻는 버릇이 생겼단다.

'난 지금 호루라기를 사는 데 돈을 낭비하는 건 아닐까?'

그렇게 곰곰이 생각하는 동안 돈을 절약할 수 있었지.

주변을 둘러보자 더 놀라운 사실을 발견하게 되었어. 이 세상에는 쓸모없는 호루라기를 사는 데 돈을 낭비하는 사람들이 아주 많다는 사실 말이야.

세상에는 좋은 옷, 훌륭한 집, 남에게 자랑하는 일에 돈을 낭비하는 사람들이 있지. 그런 사람들은 대개 낭비를 일삼다가 금방 재산을 잃더구나. 나는 그런 사람들을 보며 이렇게 생각했단다.

'당신은 쓸모없는 호루라기를 사는 데 너무 비싼 값을 치렀군요.'

"찔레야, 네가 산 것도 혹시 호루라기가 아니었니?"
할아버지의 말이 옳았다.
"네, 제가 꼭 필요한 것을 산 게 아니라 호루라기가 제 지갑을 열게 했어요."
벤 할아버지가 고개를 끄덕였다.
"그래, 그러니까 앞으로는 돈 쓸 일이 생기면 항상 호루라기를 기억하렴. 그러면 자신과 남을 유익하게 하는 일이 아닐 때는 어떤 낭비도 하지 않을 수 있단다. 그것이 바로 '절약의 덕'이지."
"절약의 덕이요? 그럼 이것도 저희가 배워야 할 덕목이었나요?"
찔레가 놀라 물었다.
"그렇단다. 늘 검소하고 절약하는 마음을 갖는 것이 바로 절약의 덕이지. 이 덕을 갖춘 사람은 언제나 남들 앞에서 당당할 수 있단다. 아끼고 절약하는 사람은 남의 신세를 지거나 비굴하게 손을 벌릴 필요가 없기 때문이지. 또 화려하진 않지만 은은한 향기를 뿜어내는 꽃처럼 주변을 아름답게 만들 수도 있고. 절약한 돈으로 남을 위해 쓸 수 있으니까. 성공하지는 못했지만 고운 네 마음처럼 말이다."

벤 할아버지는 따뜻한 눈길로 찔레를 바라보았다.

"조금만 일찍 절약의 덕에 대해 알았더라면 얼마나 좋았을까요?"

찔레는 안타까워했다. 하지만 곧 밝은 미소를 지으며 이렇게 말했다.

"그래도 할아버지의 말씀은 이제껏 받은 생일 선물 중에 가장 값진 것이었어요."

다음날, 찔레는 '미미 주니어'를 찾아가 어제 산 옷을 돈으로 물렸다. 그러고는 곧바로 은행으로 달려갔다.

은행을 나오다 찔레는 우연히 민아를 만났다.

"어디 다녀오니 찔레야?"

민아가 물었다.

"응, 은행."

"은행? 왜?"

"돈 부칠 게 좀 있어서."

"돈을 부쳐. 어디에?"
"아주 머~나먼 곳에 있는 친구한테."
"머나먼 곳. 어디, 아프리카?"
 민아가 의아한 표정으로 물었다. 찔레는 까르르 웃음을 터뜨렸다. 가을 하늘이 오늘따라 더욱 파랬다.

벤 할아버지의 친구들

워렌 버핏(1930~)은 마이크로 소프트 사의 빌 게이츠에 이어 세계 제2위의 부자이다.

버핏은 집안이 가난해 신문배달을 하거나 껌과 콜라를 팔아 돈을 모았다. 장난감을 사거나 군것질을 하고 싶은 유혹을 느낄 때도 많았다. 하지만 그는 '작은 돈을 아껴야 큰돈을 모은다'는 신념으로 철저하게 절약했다.

마침내 버핏은 9800달러라는 적지 않은 돈이 모았다. 그는 그 돈을 밑천 삼아 주식 투자에 나섰다. 그러나 그는 허황된 욕심으로 무리한 투자에 나서는 법이 없었다. 50여 년의 세월이 흐른 뒤 버핏은 세상에서 두 번째로 돈이 많은 사람이 되었다.

많은 돈을 번 된 뒤에도
버핏의 생활은 예전과 달라지지 않았다.
그는 여전히 1958년도에 사들인
작고 허름한 집에서 살았다.

또 여전히 12달러짜리 허름한 이발관
에서 머리를 자르고, 20달러도 되지
않는 스테이크 음식점을 이용했다.

운전사나 경호원도 두지 않은 그는
2001년형 자동차를 직접 몰고 다녔다.
그의 자동차 번호판에는 '절약(Thrifty)'
이라는 글자가 뚜렷이 씌어 있었다.

2006년 6월 25일, 워렌 버핏은
재산의 85%에 이르는 374억 달러
(약 36조 원)를 자선 단체에
기부한다는 발표를 했다.
이 액수는 존 록펠러, 헨리 포드 등
내로라하는 부자들의 기부 금액을
훨씬 뛰어넘는 역사상 최고 금액
이었다. 세계적인 부자이면서도
절약 정신이 투철했던 그는 누구도
흉내 낼 수 없는 선행의 주인공이 되었다.

프랭클린 다이어리

우리의 부지런함이 가장 확실하게 성공의 열매를 맺으려면 검소함이 뒤따라야 한다. – 벤자민 프랭클린

벤자민 프랭클린은 인쇄소를 운영하고 신문사를 차려
남부럽지 않은 재산을 모았다. 하지만 그는 부자가 된 뒤에도
어린 시절에 익힌 검소함을 잃지 않았다.
프랭클린은 사람들이 사치를 부리는 이유에 대해 이렇게 말했다.
"우리 몸에는 돈이 듭니다.
발에는 신발이 필요하고, 다리에는 양말이,
몸에는 옷, 배에는 꽤 많은 음식이 필요합니다.
그리고 눈에는 안경이 필요할 때가 있습니다.
하지만 안경은 우리의 주머니를 텅텅 비게 만들 만큼
비싸지는 않습니다. 정작 우리를 망치는 것은 다른 사람의 눈입니다.
나를 뺀 모든 사람이 장님이라면
나에게 좋은 옷이나 말, 가구 들은 필요하지 않을 것입니다."
우리를 사치에 빠뜨리는 것은 남의 눈에 비친
자신의 모습을 걱정하기 때문이라는 이야기다.
프랭클린은 우리 삶에서 중요한 것은 절약의 덕을 실천하며
열심히 일하는 자세라고 늘 강조했다.

3 세 번째 덕

침착의 비밀

인생이란 축구 경기장에서는
늘 실점을 할 수밖에 없어.
세상에서 단 한 번도 실패하지 않은 사람은
아무 일도 하지 않은 사람일 뿐이야.
두려움을 떨쳐 내고
넓고 평온한 지혜의 호수를 생각하렴.
마음이 조급하고 거친 사람은
한 가지 일도 이룰 수 없지만,
침착함을 지닌 사람에게는
백 가지 복이 저절로 모여들게 된단다.

하늘 높이 날아간 운동화
그리고 지혜의 호수

"와와, 와와와!"

하늘 가득 함성이 울려 퍼졌다. 운동장에서는 4반과 5반의 축구 경기가 벌어지고 있었다.

4반 선수들은 모두 굳센 각오로 운동장에 나섰다. 1학기 때 4반은 5반에 두 번이나 패했기 때문이다. 응원석에 앉은 아이들도 목이 터져라 응원을 했다.

"4반 파이팅!"

"이겨라, 이겨라!"

그러나 4반의 사정은 그리 좋지 못했다. 발을 다쳐 깁스를 한 별이, 전학을 간 다솜이가 경기에 뛸 수 없었기 때문이다. 그래서 아람이가 그들 대신 경기에 나가게 되었다.

현동이는 얼굴을 찌푸렸다.

"넌 축구 실력이 별로니까 골키퍼를 맡도록 해."

다른 아이들도 미심쩍은 표정을 지었다. 얼굴도 핏기가 없고 팔다리가 가느다란 아람이가 과연 도움이 될지 의심스러웠던 것이다.

용기를 북돋워 준 건 덕이뿐이었다.

"공 오는 거 잘 봐. 넌 잘 할 수 있을 거야."

덕이는 씨익 웃으며 아람이의 어깨를 두드렸다.

삐이익!

드디어 시작을 알리는 호루라기 소리가 들렸다. 아람이는 눈앞이 캄캄해졌다.

'공이 날아오는데 눈이 감기면 어떡하지?'

자꾸 다리가 떨리고 오줌이 마려웠다. 그러나 경기는 서서히 열을 뿜기 시작했다.

"야아, 이쪽으로 패스해!"

"저쪽으로 온다. 막아, 막아!"

경기는 팽팽했다. 4반 선수들이 날린 슛은 골대 높이 날아가 버렸다. 5반의 매서운 공격은 현동이가 몸을 날려 가까스로 막아 냈다.

'침착해야 해. 침착!'

아람이는 몇 번이나 다짐했다. 하지만 막상 5반 선수들이 다가오자 아람이는 흥분과 불안감으로 심장이 터질 것만 같았다. 골문 앞으로 다가온 5반 공격수가 슛을 날렸다.

슈우욱!

공은 엄청난 속도로 아람이를 향해 다가왔다.

"아악, 몰라!"

아람이는 옆으로 몸을 피했다. 그런데 기적 같은 일이 벌어졌다. 몸을 피한 쪽이 바로 공이 날아온 쪽이었다.

퍽, 공은 아람이의 얼굴을 맞히고 저 멀리 튕겨 나갔다.

"와와, 와와와!"

운동장이 아이들의 함성으로 들썩거렸다. 덕이가 달려와 아람이의 어깨를 잡았다.

"야, 인마! 네가 해냈어. 네가 골을 막았다고!"

"뭐, 뭐, 뭐! 내가 공을 막아?"

아람이는 벌겋게 부은 얼굴을 만지며 중얼거렸다.

'내가 해냈어. 내가 해낸 거야!'

운 좋게 한 골은 막았지만 아람이는 계속 정신을 차릴 수 없었다. 몸이 부들부들 떨려 왔다.

다시 5반의 공격이 시작됐다. 위험을 느낀 덕이가 온몸을 던져 5반 공격수를 막았다. 몸이 엉킨 두 아이가 운동장에 나동그라졌다. 공은 통통 튀어 4반 골대 앞으로 굴러갔다.

순간 누군가 쏜살같이 공을 향해 뛰어가는 모습이 보였다.

골키퍼 아람이었다. 1미터, 2미터, 3미터……. 마침내 아람이는 있는 힘을 다해 오른발을 뻗었다. 휘익!

하늘 높이 솟아오른 건 낡은 운동화 한 짝이었다. 공중제비를 한 아람이의 몸이 운동장으로 떨어졌다. 어느 새 공은 5반 공격수의 발아래 놓여 있었다. 골문은 횅하니 비어 있었다. 5반의 완벽한 기회였다.

아람이는 힘없는 발걸음으로 공원 근처를 걷고 있었다. 축 처진 가방이 아람이의 기분을 드러내고 있었다.

경기는 2대 1로 졌다. 아람이가 실수를 하지 않았더라면

이길 수도 있었다. 한 골을 넣은 현동이의 비난은 더욱 거셌다.

"헛발질이나 하려고 뛰어나온 거야? 야, 웃긴다 웃겨."

아람이는 땅바닥에 뒹굴고 있는 깡통을 힘껏 걷어찼다. 깡통이 공원 휴지통을 정통으로 맞혔다. 쨍그랑!

"아이쿠, 깜짝이야!"

순간 누군가 비명을 질렀다. 벤 할아버지였다.

"할아버지!"

아람이는 벤 할아버지보다 훨씬 더 깜짝 놀랐다. 할아버지는 평소와 달리 반팔 운동복과 반바지, 무릎까지 올라오는 긴 양말과 운동화. 옆구리에는 축구공까지 끼고 있었다.

"여기서 뭐 하고 계세요?"

"응, 음악실에만 있다 보니 몸이 근질거려 견딜 수가 없어야지. 그래서 혼자 축구를 하고 있었단다. 어때, 나랑 시합 한판 해 보지 않을래?"

아람이는 고개를 저었다. 축구 시합이라면 이제 진절머리가 났다.

"그래, 다 들었다. 덕이가 이곳을 지나가다 말하더구나. 흠, 뭐 그럴 수도 있지."

아람이는 왠지 눈물이 날 것만 같았다.

"아뇨, 전 늘 그런 식이에요. 소심해서 조그만 일에도 벌벌 떨고. 그러다 어떨 때는 터무니없이 흥분하기도 해요. 전 왜 이렇죠? 제가 봐도 정말 한심해요."

벤 할아버지는 아람이의 머리를 쓰다듬었다.

"살다 보면 우리는 아주 수많은 골을 먹게 된단다. 아차, 방심하는 순간에 말이다. 하지만 그게 인생인걸. 골이 들어가지 않으면 축구 경기도 할 필요가 없지 않겠니?"

아람이는 할아버지의 말이 가슴에 와 닿았다.

"그러니까 그럴 때 당황하지 않는 법을 익혀야 하지 않겠어?"

아람이가 고개를 끄덕였다.

"옛날이야기 하나 해 줄 테니 잘 들어 봐."

벤 할아버지는 헛기침을 한 뒤에 이야기를 시작했다.

조선 시대에 유명한 학자인 퇴계 이황이란 사람이 있었단다.

어느 날, 이황이 광나루 건너 집으로 돌아가는데,

갑자기 비바람이 몰아치면서 배가 뒤집어질 듯 이리저리 마구 흔들리는 거야.

"아이고, 사람 살려!"

사람들은 울고불고 아우성을 쳤지. 사공도 당황하여 어쩔 줄을 몰라 하고. 그러다 사람들은 우연히 이황을 보았는데, 그 난리 통에도 아주 의젓하게 앉아 있는 거야.

사람들은 슬그머니 부끄러운 생각이 들어 흥분을 가라앉히기 시작했어. 그러자 사공도 침착하게 비바람을 뚫고 노를 저어 나갔지. 덕분에 배는 건너편 나루에 닿았고, 사람들은 무사히 강을 건널 수 있었단다.

그때 사람들은 이황을 두고 이렇게 말했단다.

"마치 벼랑에 서 있는 늙은 소나무 같군."

"정말 대단하시다!"

아람이가 감탄하여 소리쳤다.

"어떠한 경우에도 그렇게 침착할 수 있다면 실수하는 일도 적겠지?"

"예, 그런데 그때 이황까지 이리저리 허둥댔다면 어떻게 되었을까요?"

"배가 뒤집어졌을지도 모르지."

벤 할아버지는 깊은 눈길로 아람이를 바라보았다.

"침착함은 이렇게 언제, 어떤 상황에서도 흔들리지 않게 하고, 지혜를 발휘할 수 있게 해 주지. 침착함은 넓고 깊은 호수와 같으니까."

벤 할아버지의 또 다른 이야기가 시작되었다.

호숫가에서 놀던 두 아이가 내기를 했지. 누가 잔잔한 호수의 물결을 계속 출렁이게 만들 수 있는지를 두고서.

첫 번째 아이가 돌멩이를 던졌어. 퐁당 하고 빠진 돌멩이는 물결 위에 둥그런 파문을 일으켰지. 하지만 호수는 곧 아무 일도 없었다는 듯 잔잔해졌단다.

이것을 본 두 번째 아이는 더 큰 돌멩이를 던졌지. 이번에는 좀 전보다 더 큰 파문이 일었어. 그러나 시간이 흐르자 물결 위에는 또 다시 아무 흔적도 남지 않았지.

아이들은 더욱 큰 돌멩이를, 더 힘껏 던지기 위해

애를 썼단다. 하지만 웬걸, 호수는 돌멩이를 꿀꺽 삼키고는 금방 잔잔해지는 게 아니겠니? 결국 죄 없는 돌멩이들만 물속으로 가라앉고 말았단다.

"우리 마음도 호수와 같아야 하지 않겠니. 침착한 사람은 아무리 당황스럽고 갑작스런 일이 닥쳐도 흔들리지 않지. 아니, 잠시 흔들릴 수 있겠지만, 결국 문제를 이겨 낸단다. 너도 호수와 같은 사람이 되고 싶지 않니?"
아람이는 고개를 끄덕였다.
"저도 그러고 싶어요. 하지만 어떻게 해야 침착함을 기를 수 있죠?"
"사람은 때로 어쩔 수 없는 상황을 겪게 된단다. 뜻밖의 불행, 하고 싶지 않은 일, 필요하지 않은 일에 휩쓸려 괴로워하게 되지. 그럴 땐 호수가 돌멩이를 삼키듯 그 모든 일을 인정하려는 마음이 필요해. 그러면 마음의 평온이 되찾아지고 문제를 해결할 지혜가 샘솟게 된단다."
벤 할아버지가 잠시 말을 멈추고 아람이를 바라보았다.
"호수처럼 넓고 깊은 마음을 갖는 일, 마음의 평온을 되찾고 지혜롭게 문제를 해결하는 것. 그것이 바로 침착의

덕이 전해 주는 가르침이란다."
아람이는 깊은 깨달음을 얻은 느낌이었다.
"아람아, 넌 할 수 있어. 자신감이 없다고 느낄 때마다 화장실에 가서 거울을 보며 소리를 쳐 보렴. '넌 세상에서 제일 멋진 녀석이야. 네가 하는 일은 모두가 다 잘될 거야!'라고 말이야. 사람이 자신감을 가지면 자기가 갖고 있는 능력의 세 배 이상의 힘을 발휘할 수 있단다."
"그게 정말이에요?"
"그럼, 넌 누구보다 침착하고 지혜로운 사람이 될 수 있단다."
벤 할아버지가 힘차게 고개를 끄덕였다.

벤 할아버지의 친구들

20세기 초 미국 경제에 불황이 닥쳤을 때
호텔 왕 콘래드 힐튼(1887~1979)
집안도 큰 불행을 당했다.
아버지가 애써 일구었던 가게가
망하고 잔뜩 빚을 지게 된 것이다.

가족들은 큰 좌절감에 휩싸여 우왕좌왕했다.
단란했던 가족이 한순간에 무너져
흩어질 수도 있는 위기였다.
그때 아버지가 보여 준
침착한 태도는 콘래드의 삶에
큰 교훈을 남겨 주었다.

"이미 벌어진 일은 어쩔 수가 없으니
더 이상 마음 쓰지 말기로 하자.
대신 이제부터 어떻게 할 것인지
찬찬히 생각해 보는 거야!"

아버지 말에 용기를 얻은
가족들은 차분하게 남은 것이
무엇인지 살펴보았다.
먼저 식료품들이 눈에 띄었다.
방을 만들어 손님을 받을 수
있는 넓은 가게도 있었다.
게다가 가장 소중한
건강한 가족이 있었다.

마침내 아버지는 우렁차게 외쳤다.
"이것으로 우리가 할 수 있는 일이 있어.
호텔을 경영하는 거야!"
힐튼 호텔의 역사가
시작되는 순간이었다.

사업을 하는 동안에도 힐튼은 수많은
어려움을 겪었다. 큰일을 당했을 때도
당황하지 않고 여유를 갖는 것.
문제를 해결하기 위해 침착하게
지혜를 모으는 것. 그를 성공의 길로
이끈 것은 어린 시절 배웠던 교훈이었다.

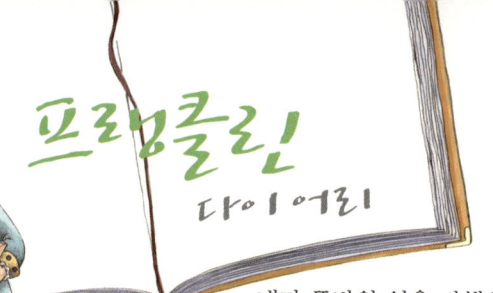

프랭클린
다이어리

> 내가 뜻밖의 일을 당했을 때 당황하지 않고 금방 처리하는 것은 미리 여러 가지 경우에 대비해 두었기 때문이지 내가 천재여서 그런 것은 아니다. – 보나파르트 나폴레옹

프랑스의 군인이자 정치가, 그리고 나중에는 황제의 자리에까지 올랐던 보나파르트 나폴레옹(1769~1812).
그는 용맹한 장군이었지만 늘 걱정거리를 안고 살았다.
전쟁에서 지지는 않을까, 진다면 어떤 비극이 생길까 하고 근심이 떠나지 않았던 것이다. 그런 나폴레옹을 유럽을 뒤흔들며 새로운 혁명 정신을 일으킨 장군이자 정치가로 만든 비결은 바로 침착함이었다.
침착함 덕분에 그는 어떤 일에도 흔들리지 않았고,
모든 문제를 쉽게 처리할 수 있었다.

나폴레옹은 수많은 전쟁에서 승리할 수 있었던 비결 중 한 가지인 침착함을 기르기 위해 다음과 같은 생활 태도를 지켜 왔다고 한다.

　첫째, 일어날 수 있는 모든 일을 생각하며 계획을 세워라.
　둘째, 계획은 늘 현실 속에서 달라진다는 사실을 명심하라.
　셋째, 독서를 많이 하고 경험을 쌓아라. 지혜는 그 속에서 움튼다.
　넷째, 강한 정신력은 칼도 이겨 낸다. 스스로를 믿어라.

4 네 번째 덕

진실의 비밀

바보는 자신의 지혜를 뽐내는 것을,
악당은 자신의 선량함을 자랑하는 것을
가장 즐기지.
그러나 진실의 빛은 태양과도 같아서
잠시 구름에 가려지는 일은 있어도
영원히 그것을 없앨 수는 없단다.

덕이, 오리춤을 추다

　　나른한 일요일 오후, 아이들은 음악실에 모여 이야기를 나누며 놀기로 했다.

　　그런데 음악실이 전과 다른 느낌이었다. 어두컴컴한 지하인데도 무엇인가 밝고 화사한 느낌이 들었다.

　　"비르뚠 나무의 싹이 자라서일까?"

　　찔레 말대로 비르뚠 나무는 그 사이 싹을 틔어 올렸다. 파릇파릇 예쁜 어린잎이 수줍게 고개를 숙이고 있었다.

　　"할아버지, 궁금한 게 있어요. 여기는 지하실이고 햇빛도 부족하잖아요. 그런데 비르뚠 나무가 자랄 수 있어요?"

아람이 말에 벤 할아버지는 의자에 앉아 있는 덕이를 흘끗 보았다.

"그래, 햇빛은 생명에 아주 중요하지. 하지만 때로는 신비로운 일이 벌어지기도 하는 법이란다. 아주 나쁜 환경 속에서도 간절한 기도와 바람이 빛을 불러들이는 경우가 있거든. 그런데 덕이야."

벤 할아버지가 말하다 말고 덕이를 불렀다. 덕이가 휴, 하고 스물다섯 번째로 한숨을 내쉬었기 때문이다.

"네? 아, 예……."

그제야 덕이가 정신을 차리고 대답했다.

"무슨 일이냐?"

"실은……."

덕이가 어렵게 아침에 있었던 일을 이야기했다. 엄마가 내일 2학기 회장 선거에 출마하라고 했다는 이야기를.

"하지만 제가 거길 어떻게 나가요. 인기라고는 파리 코털만큼도 없는데……."

"흠, 엄마는 네가 회장이 되길 바라시는 모양이구나."

덕이는 고개를 저었다.

"아뇨, 엄마도 제가 회장이 될 수 없다는 건 잘 아세요.

전 이제껏 한 번도 회장 선거에 출마한 적이 없거든요. 그러니까 이번에 경험을 쌓아 보라는 거예요."
"그것도 옳은 생각이지. 한번 나가 보렴."
"에이, 그러다가 괜히 창피만 당하게요. 당선되지도 않을 선거에 뭐하러 나가요."
"필요한 물건을 사기 위해서는 그에 맞는 값을 치러야 하겠지? 경험도 마찬가지란다. 비싼 값을 치르고 얻은 경험이 훨씬 요긴하게 쓰이는 이유도 그것 때문이지."
"그런가……."

덕이는 고개를 갸웃거렸다.

"그래, 까짓것 한번 나가 봐. 우리 찌질이삼총사를 대표해서. 우리가 열심히 도울게."

찔레와 아람이도 용기를 북돋워 주었다.

"그럼 한번 나가 볼까?"

덕이의 마음이 흔들리기 시작했다.

출마를 결정했다고 끝나는 일이 아니었다. 공약도 필요했고 유세를 위한 준비도 해야 했다. 아이들은 머리를 맞대고 선거 계획을 짜기 시작했다.

"근사한 공약이 없을까? 꿀벌을 유혹하는 아이스크림처럼 말이야."

그러나 좀처럼 그럴 듯한 생각이 떠오르지 않았다.

"그냥 공부도 최고, 운동도 최고, 분위기도 최고, 뭐 이렇게 할까?"

덕이가 시무룩해져서 말했다. 찔레는 반대였다.

"더 그럴 듯한 게 필요해. 우리 반 아이들이 가장 불편하게 생각하는 거나, 꼭 있었으면 좋겠다고 생각하는 것들을 해결해 주겠다고 말이야."

순간 덕이는 무릎을 쳤다.

"아하, 그래! 4학년 때까지는 가끔씩 영화를 보거나 옛날이야기를 듣는 경우가 있었잖아. 하지만 올해는 여름 방학 전에 봤던 〈아이스 통통〉이란 영화밖에 없잖아. 수업 시간에 선생님이 옛날이야기도 안 해 주시고."

"그래, 네 말이 맞아!"

"그러니까 내가 회장이 되면 무조건 1주일에 한 편씩 영화를 보게 해 주겠다고 하는 거야. 또 3일에 한 번씩은 재미있는 이야기 시간도 갖고."

"그래, 그게 좋겠다!"

찔레가 짝짝 박수를 쳤다. 아람이는 더욱 그럴 듯한 의견을 내놓았다.

"그렇다면 아예 고물이 된 학급 컴퓨터도 바꿔 주고, 고장 난 사물함도 새 것으로 바꿔 주겠다고 하는 건 어떨까? 그럼 아이들이 정말 좋아할 텐데."

"멋지긴 한데 아이들이 믿어 줄까?"

"뭐 어때, 선거 공약은 다 그런 식으로 만드는 거지 뭐. 안 믿으면 어때?"

세 아이는 신이 나서 떠들어 댔다. 벤 할아버지가 나선 것은 그때였다.

"잠깐만, 애들아."

웬일인지 할아버지의 표정이 썩 좋지 않았다.

"너희들은 먹을 수 없는 아이스크림을 공약으로 준비했구나."

"먹을 수 없는 아이스크림이라고요?"

"공약이 진실하지 않다는 말이다."

아이들이 당황한 얼굴로 벤 할아버지를 쳐다보자, 할아버지는 천천히 얘기를 시작했다.

옛날에 한 임금이 있었단다. 백성들의 사랑을 받는 지혜로운 임금이었지. 어느 날 임금은 신하들을 불러 놓고 이렇게 말했단다.

"내게 자식이 없으니 백성 가운데 가장 뛰어난 아이를 뽑아 왕자로 삼겠소."

왕자를 뽑기 위해 임금이 준비한 방법은 아주 특이했단다. 나라 안의 모든 아이들에게 꽃씨와 화분을 하나씩 준 거야.

"이 꽃씨의 싹을 틔워 가장 아름다운 꽃을 길러 낸

아이에게 왕위를 물려주겠다."

그때부터 온 나라의 아이들은 난리법석을 떨었단다. 모두들 최선을 다해 꽃을 키워 임금이 되려고 했지.

마침내 약속된 날짜가 다가왔단다. 임금은 아이들을 길가에 한 줄로 늘어서게 했어. 아이들은 기대에 가득 찬 표정으로 화분을 들고 있었지. 화분들에는 세상 어떤 것보다 예쁘고 화려한 꽃들이 심어져 있었어. 하지만 임금의 표정은 밝지 않았어. 그토록 예쁜 꽃들을 보고도 슬퍼하는 까닭은 과연 무엇이었을까?

그때 임금이 발걸음을 딱 멈추었어. 빈 화분을 든 어떤 소년 앞에서였지. 소년은 고개를 푹 수그리고 있었어. 모두들 소년의 빈 화분을 보며 '게으른 녀석', '뻔뻔한 녀석'이라고 조롱을 했단다. 하지만 임금은 환하게 웃으며 소년을 덥석 끌어안는 거야.

"이 아이를 왕자로 삼겠노라!"

임금의 말에 신하들은 깜짝 놀라 그 까닭을 물었어.

"내가 아이들에게 준 꽃씨는 사실 삶은 것이었소. 삶은 꽃씨에서 저렇게 예쁘고 화려한 꽃이 필 수 있겠소. 이 아이야말로 내 뒤를 이어 정직하게 나라를 이끌어 갈 것이오."
예쁜 꽃을 들고 있던 아이들은 부끄러워 어쩔 줄 몰라 했단다. 그들이 들고 있던 건 화려하지만 거짓의 꽃에 불과했지. 결국 소년이 가진 진실의 힘이 모든 거짓을 눌러 버린 거야.

아이들은 부끄러움을 느꼈다.
"혹시 너희들 이런 말 들어 보았니? '잘못 알려진 모습 때문에 사랑을 받느니 진실한 모습 때문에 미움을 받는 편이 훨씬 마음 편하다.'라는 말."
"거짓으로 뽐내는 것보다는 보기 흉해도 진짜 모습을 보여 주는 게 낫다는 뜻이에요."
"거짓으로 자신을 포장하면 그게 들통 날까 봐 더 큰 거짓말을 하게 된다는 뜻 아닐까요?"
아이들 말에 벤 할아버지는 고개를 끄덕였다.
"옳거니, 상한 아이스크림은 배탈을 일으키지. 하지만 정직한 맹물은 갈증을 풀어 준단다."
아이들은 더욱 고개를 들 수 없었다.
"진실의 힘은 그런 거란다. 지금 당장은 아니더라도

언젠가는 반드시 빛을 보게 마련이지. 진실은 또 너희를 빛나고 아름답게 한단다. 언제나 거짓을 이기는 강한 힘을 갖고 있고. 거짓으로 남의 마음을 사는 일이야말로 가장 부끄러운 일이란 걸 알아야 해. 너희는 이 '진실의 덕'을 꼭 기억해야 한단다."

"진실의 덕이라고요? 알았어요, 아까 얘기했던 공약들은 싹 잊어버리고 새로운 공약을 만들게요. 화려하진 않더라도 반드시 지킬 수 있는 공약으로요."

덕이의 말에 찔레와 아람이도 고개를 끄덕였다.

다음날, 덕이는 흥분된 듯 발그레한 얼굴로 교탁을 향해 나아갔다. 덕이가 새로 만든 공약은 아주 특별했다.

"제가 회장 선거에 나온 걸 보고 많은 친구들이 놀라워하고 있겠지요. 사실 저는 회장을 할 만한 그릇이 아닙니다. 잘 하는 것도 없고, 늘 엉뚱한 일을 저질러 웃음거리가 되는 일도 많기 때문입니다."

몇몇 아이들이 킥킥거렸다. 덕이는 상관하지 않고 연설을 이어 나갔다.

"하지만 저도 5학년 4반 친구들을 위해 할 수 있는 일

이 있습니다. 우리들은 요즘 매우 힘들게 생활합니다. 아침부터 밤까지, 집에서나 학교에서나, 또 학원에서도 늘 공부하라는 말에 시달리고 있습니다. 그래서 우리들의 얼굴에서 웃음이 떠난 지가 오래되었습니다."

덕이의 조리 있는 말에 아이들은 더욱 놀라워했다.

"회장이 되면 저는 공부에 지친 친구들을 위해 재미있는 일을 많이 만들도록 하겠습니다. 그러면 우리 반은 5학년에서 가장 명랑한 반이 될 것입니다. 친구들은 제 이름이 덕이라서 도널드 덕이라고도 부릅니다. 그래서 이걸 준비했습니다."

말을 마치고 덕이는 주머니에서 오리 가면을 꺼냈다. 그 가면을 얼굴에 쓰곤 신나게 오리춤을 추었다. 아이들 사이에서 웃음소리가 터져 나왔다.

이윽고 춤을 마친 덕이가 말했다.

"저 윤덕이 여러분의 명랑한 웃음을 책임지겠습니다!"

교실에서는 아이들의 함성이 울려 퍼졌다.

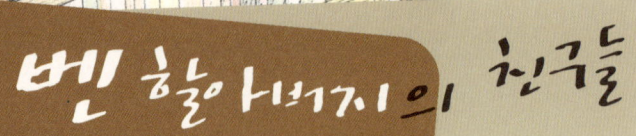

벤 할아버지의 친구들

테오도어 루즈벨트(1858~1919)는
미국의 제 26대 대통령으로
노벨 평화상을 받은 인물이다.

어느 날, 한 잡지를 읽던 루즈벨트는
깜짝 놀라 소리쳤다.
"이런 말도 안 되는 기사가 실리다니!"
그 기사에는 미국의 대통령인 루즈벨트가
술주정뱅이라고 씌어 있었다.

'이 일을 어떻게 하면 좋을까?'
몹시 화가 난 루즈벨트는 곰곰이 생각했다.
그러고는 그 잡지사를 명예 훼손으로
고소하기로 했다.

재판이 시작되자 세상은 들끓기 시작했다.
대통령과 언론의 싸움이
어떤 결말을 맺게 될지
모두들 궁금해했던 것이다.

재판을 진행했던 판사는 신중한 목소리로 말했다.
"잡지사는 대통령의 명예를
떨어뜨린 것이 분명합니다. 따라서
대통령에게 손해 배상을 해야 합니다."

재판정에 모인 사람들은 모두들
엄청난 액수의 배상금이 될 거라고 생각했다.
하지만 재판장은 이렇게 말했다.
"대통령이 받기 원한 돈은
1달러입니다. 이만 재판을 마칩니다."
사람들은 모두 깜짝 놀랐다.

루즈벨트의 비서관이 씩씩거리며 말했다.
"대통령의 명예를 더럽힌 대가가
겨우 1달러라는 말입니까?"
그러자 루즈벨트는 이렇게 말했다.
"내겐 손해 배상금보다 더 귀한 게 있다네.
그건 바로 진실이야. 이제 진실이
밝혀졌으니 나는 그것으로 만족하네."

루즈벨트는 진실의 가치가
돈으로 따질 수 없을 만큼
소중한 것임을 알려 주었다.

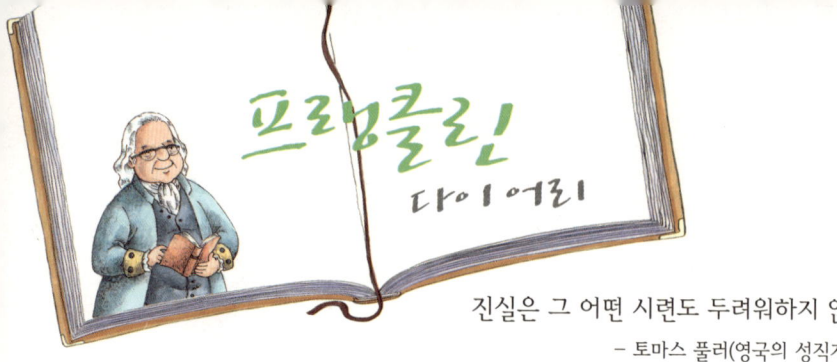

프랭클린 다이어리

진실은 그 어떤 시련도 두려워하지 않는다.
— 토마스 풀러(영국의 성직자, 작가)

프랭클린은 중요한 결정을 내려야 할 때면 다음과 같은 방법을 썼다. 빈 종이에 찬성과 반대 칸을 만들었다. 그리고 3~4일 동안 생각을 하면서 찬성하는 이유와 반대하는 이유를 각각 적어 넣었다.

(예) 독서를 매일 하기로 한다.	
찬성	반대
지식을 길러 준다. 빈 시간을 유익하게 보낼 수 있다.	돈을 벌 수 있는 시간을 빼앗긴다. 가족들과 대화할 수 있는 기회를 잃는다.

그런 뒤 여러 이유들에 하나하나 무게를 정했다. 그리고 서로 무게가 같다고 생각하는 것들끼리 지워 나갔다.
예를 들어 찬성하는 이유 한 가지와 반대하는 이유 두 가지가 같은 무게를 지녔다면 세 가지를 한꺼번에 지웠다. 또 반대하는 이유 두 가지와 찬성하는 이유 세 가지가 같은 무게라면 다섯 가지를 모두 지웠다. 이렇게 하여 〈찬성〉과 〈반대〉 중 어느 쪽이 더 많이 남아 있는가를 따져 자신의 행동을 결정했다. 이것은 프랭클린이 남들에게 진실하기에 앞서 스스로에게 진실하려고 했던 자세를 말한다. 따라서 프랭클린의 결정은 늘 진실한 것으로 인정받았으며, 다른 이들에게까지 커다란 영향을 미칠 수 있었다.

5 다섯 번째 덕

질서의 비밀

뒤죽박죽 엉망진창인 하루 속에서
밝은 미래가 태어날 수 있겠니?
쓰레기통에서는 장미가 피어날 수 없단다.
조각가의 정과 망치가 돌을 깎아 내듯
네 무질서한 생활을 깎아 봐.
하루의 계획과 실천 속에서
네 꿈이 영그는 소리가 들릴 거야.

게으름을 깎아 내는 훌륭한 도구

점심시간, 삼총사는 밥을 먹으며 벤 할아버지에 관한 이야기를 나누고 있었다.

"우린 정말 벤 할아버지에 대해 아는 것이 하나도 없네?"

아람이의 말이었다.

"맞아. 어디서, 어떻게 살아오신 분인지도 모르고, 심지어 음악실에서 하루를 어떻게 보내는지도 잘 몰라."

덕이의 말이 채 끝나기도 전에 찔레가 늘어지게 하품을 했다.

"어휴, 힘들어. 요즘엔 왜 이렇게 피곤하지."

찔레의 얼굴은 푸석푸석했다. 그러고 보니 덕이와 아람이도 똑같았다. 모두들 윤기 잃은 피부에 숟가락을 든 팔에도 힘이 없어 보였다.

"다른 아이들도 전부 우리처럼 힘이 들까?"

"힘들긴, 난 전혀 그렇지 않은데."

덕이 말에 옆 탁자에서 밥을 먹던 재민이가 끼어들었다.

"이 정도에 힘이 들면 나중에 중학교 가서는 큰일 나게."

"그래, 넌 힘세서 좋겠다. 그 좋은 힘으로 잘난 척이나 열심히 하렴."

찔레가 쏘아붙였다. 회장이 된 뒤로 잘난 척이 더 심해진 재민이였다.

"그런데 벤 할아버지는 또 뭐냐? 이름 한번 희한하네."

"벤 할아버지든 팬 할아버지든 네가 신경 쓸 것 없잖아."

재민이는 기분이 상한 듯 식판을 들고 나갔다.

아이들이 힘들어하는 데에는 이유가 있었다. 가을이 되자 학교에 수많은 행사들이 열리기 시작한 것이었다. 독서 퀴즈 대회, 가을 운동회, 영어 말하기 대회, 과학

경시 대회 등등. 예전 같았으면 신경도 쓰지 않았을 행사들. 그러나 덕을 익히기 시작한 뒤로 삼총사는 조금씩 달라졌다. 왠지 모르게 도전하고 싶은 의욕이 생긴 것이었다. 하지만 갑작스레 하자니 쉽지가 않았다. 따라서 아이들은 하루가 다르게 지쳐 갔다. 거의 포기하려는 상태였다.

 고삼총사는 달랐다. 독서 퀴즈, 영어 말하기 대회, 운동회 연습까지 힘들어 하지 않고 척척 해냈다.

 "쟤네들은 우리보다 학원도 더 많이 다니고, 다른 일도 더 많이 하잖아. 그런데 왜 우리가 더 힘들고 피곤하지?"

 아이들은 그 비밀을 캐내기 위해 머리를 맞댔다. 하지만 답을 알아낼 수 없었다. 결국 아이들은 벤 할아버지에게로 갔다.

음악실 문을 열고 들어가자 귀에 익은 선율이 흘러나왔다. '당신은 봉숭아', '사랑은 얄미운 꿀벌인가 봐' 같은 노래들이었다.

"이번 주말부터는 동네 노인들 잔치에 가서 음악을 연주해 주기로 했단다. 그래야 나도 돈을 벌 것 아니냐?"
할아버지는 악기를 내려놓으며 한쪽 눈을 찡긋거렸다.
"한동안 너희들이 보이지 않으니까 심심하던걸."
"좀 바빴어요."
"바쁜 건 좋은 일이지. 그런데 어쩐 일이냐? 그렇게 피곤한 모습들을 하고서."
"할아버지, 어떻게 하면 여러 가지 일들을 한꺼번에 잘할 수 있나요?"
찔레가 먼저 물었다.
"우리 모두에게는 공평하게 하루 24시간이 주어져 있지. 하지만 시간은 모래와도 같아. 한 손 가득 움켜쥐고 있어도 손가락 사이로 술술 빠져나가는 게 시간이거든. 시간은 또 저축할 수도 없단다. 그러니까 결국 시간의 주인이 되느냐, 노예가 되느냐에 따라 성공과 실패가 판가름 나는 거란다."

찔레가 고개를 끄덕였다.

"그래서 계획표가 필요한 거군요. 계획표를 만들면 낭비되는 시간을 줄일 수 있고, 또 그 시간에 내가 뭘 해야 할지도 정확히 알 수 있으니까요."

"맞다, 계획이 없으면 지켜야 할 것도 없지. 지켜야 할 게 없으면 굳이 시간을 아낄 필요도 없고. 그런데 여기에 한 가지 더 중요한 게 있단다."

아이들은 궁금한 표정으로 벤 할아버지를 보았다.

"시간을 아끼기 위해서는 모든 걸 정리 정돈하는 습관을 길러야 한다는 거야."

"정리 정돈이라고요?"

"그래, 여기를 보렴."

벤 할아버지는 벽에 걸린 텔레비전을 가리켰다. 텔레비전에서는 벌써 영상이 흐르고 있었다.

엉망진창으로 어질러 놓은 방이 보였다. 책상 위에는 온갖 책과 참고서, 먹다 남은 과자 봉지, 굴껍질, 화장지, 건전지, 연필깎이, 볼펜, 엠피스리 등이 한

가득 널려 있었다. 너무나 어질러져 있어서 보기만
해도 정신이 어지러울 정도였다.

침대와 방바닥도 마찬가지였다. 개지 않은 이불,
입다가 던져 놓은 바지, 점퍼, 스웨터, 잠옷 등이 여
기저기 아무렇게나 널려 있었다. 방바닥에도 온갖 장
난감과 쓰레기들이 가득해서 걸어 다닐 틈조차 없어
보였다.

한 아이가 방으로 들어왔다. 삼총사와 비슷한 또래
의 남자아이였다. 엄마에게 혼이라도 났는지 아이 얼
굴은 불만으로 가득했다.

책상 앞에 앉은 아이는 공부를 시작했다. 하지만
참고서가 보이지 않았다. 아이는 책꽂이와 책상 위,
방바닥을 뒤지기 시작했다. 하지만 참고서는 좀처럼
모습을 드러내지 않았다.

참고서 찾기를 포기하고 아이는 만들기 숙제를 시
작했다. 그런데 이번에는 가위가 보이지 않았다. 책
상 서랍에도 없었고, 침대 밑, 장난감 상자, 가방
속, 그 어디에도 없었다.

그러는 사이에 시간은 자꾸 흘러갔다. 그러나 아이

는 아무것도 한 게 없었다.
 마침내 엄마가 등장했다. 엄마는 쓰레기장 같은 방을 보며 아이의 머리를 콩 쥐어박았다. 아이는 앙 울음을 터트렸다.

텔레비전 화면이 스르르 꺼졌다.
"완전히 우리 모습이네!"
아이들은 기막혀 했다. 텔레비전 속의 아이가 자신들과 너무도 비슷해 보였다.
"어떠냐, 저런 환경 속에서 시간을 아끼고 가치 있게 보내는 일이 가능하겠니?"
"아뇨……."
"텔레비전에 나온 것처럼 지저분한 환경에 있으면 우리는 쉽게 짜증이 나고 의욕도 생기질 않아. 일을 열심히 해보려 해도 금방 방해하는 것들이 나타나거든. 하지만 정리 정돈이 잘 된 환경에서는 그렇지 않단다. 필요한 책, 필요한 물건을 제때 찾을 수 있기 때문에 시간도 절약될 뿐만 아니라, 해 보고자 하는 강한 의욕도 생겨. 생각해 보렴. 저렇게 정리되지 않은 방에 들어가고 싶은 사람이 어디 있겠니. 방에 들어가기조차 싫어지다면 일을 할 의욕은 더욱 사라지고 말겠지?"
아이들은 모두 고개를 끄덕였다.
"사람이 동물과 다른 점은 자기가 보내는 시간의 의미를 알고 있다는 거야. 사람은 시간을 통해 가장 보람된 삶을 만들기 위해 노력하지. 시간 계획표와 정리 정돈은 우리가 원하는 미래를 이루는 데 가장 중요한 도구란다. 그것을 알고 우리 생활을 짜임새 있게 만드는 것이 바로 질서의 덕이란다."
"질서의 덕!"
"조각가가 정과 끌을 이용해 재료를 깎아 내야 훌륭한 작품이 탄생하지. 너희도 두루뭉술한 생활을 날카롭게 깎아 내야 목표를 이룰 수 있단다. 질서의 덕은 너희의 게으름과 무질서를 깎아 내기 위한 훌륭한 도구인 거야."
아이들은 또 다시 무엇과도 바꿀 수 없는 가르침을 얻었다.

벤 할아버지의 친구들

삼성 전자의 이건희(1942~) 회장이 직원들과 함께 독일 프랑크푸르트로 출장을 갈 때였다.
"이걸 읽고 토론을 해 보게."

이건희 회장이 보고서 하나를 내밀었다. 삼성전자에서 10년 이상 근무한 한 일본인 고문이 만든 보고서였다.

"직원들에게 드라이버, 납땜기, 망치 등의 공구를 쓰고 나면 제자리에 갖다 놓으라고 10년이 넘도록 잔소리를 했지만 나아지지 않았습니다. 측정기가 고장 나도 고치려는 사람이 없고, 실험이 끝나면 누구나 알아볼 수 있게 자료를 정리하라고 해도 제대로 실행되지 않습니다."

직원들 사이에는 곧 토론이 벌어졌다.
결론은 주인 의식이 부족하기 때문이라고 했다.
그러나 이건희 회장은 고개를 가로저었다.

"정리 정돈을 하지 않는 건
자기 자신을 사랑하지 않기 때문이네."

공구를 제자리에 갖다 놓고,
실험 자료를 정리하는 데는
큰 힘이 들지 않는다.
내가 그렇게 하면 다음 사람이
그렇게 할 것이고, 그 다음 사람도
그렇게 할 것이다. 그러다 보면
내가 한 정리 정돈이 돌고 돌아
결국 다시 내게로 돌아온다는 뜻이었다.

아침에 해야 할 일을 저녁으로 미루는 것은 잘못된 시간 보내기다. 그것은 후회와 실패를 부르는 게으른 행동이다. - 벤자민 프랭클린

벤자민 프랭클린 역시 독일의 철학자 칸트처럼
철저하게 시간을 지킨 사람으로 유명하다.
그의 하루는 아래와 같은 시간 계획표대로 움직였다.

아침 오늘은 어떤 좋은 일을 할 것인가?	5시	일어난다. 세수를 하고 기도한다.
	6시	하루의 계획을 세우고 각오를 다진다.
	7시	현재 하고 있는 공부를 한다. 아침을 먹는다.
	9~11시	일을 한다.
	12시	책을 읽거나 장부를 훑어본다.
	1시	점심을 먹는다.
낮	2~5시	일을 한다.
저녁 오늘은 어떤 좋은 일을 했는가?	6시	모든 물건을 정돈한다.
	7시	저녁 식사, 음악 듣기, 오락, 대화.
밤	8~12시	하루를 반성한다.
	1시	잔다.

이처럼 규칙적인 생활을 오랫동안 반복한 결과 프랭클린은
'질서의 덕'을 자신의 것으로 만들 수 있었다.
자신의 목표와 능력, 처한 상황에 따라 시간 계획표를 만들어야 한다.
또 그것을 지키기 위해 많은 노력을 해야 한다. 시간과 생활의
질서야말로 미래를 위한 중요한 나침반이 되어 주기 때문이다.

6 여섯 번째 덕

순결의 비밀

초승달이 보름달로 변해가듯
우리의 몸이 자라는 건 자연의 법칙!
하지만 사랑의 문이 저절로 열리는 건 아냐.
먼저 마음의 눈을 뜨고 세상을 바라봐.
사랑보다 더 아름다운 우정의 세계가
펼쳐져 있단다.
그 우정이 어느 날 문득
너를 사랑의 문으로 안내할 거야.
초승달이 보름달로 변해 가듯.

뭐, 아람이가 변태라고!

　기분 나쁜 날이었다. 1교시 수업이 끝난 뒤였다. 화장실에 갔던 현동이가 킥킥거리며 교실로 들어왔다. 그러고는 몇몇 아이들의 귀에 대고 무슨 말인가 소곤댔다. 아이들은 웃음을 터뜨리며 아람이를 돌아다보았다.
　2교시가 끝나자 더욱 이상한 일이 생겼다. 이번에는 여자아이들이 까르르 웃음을 터뜨리며 아람이를 손가락질했다. 영문을 알 수 없는 일이었다.
　비밀은 3교시가 끝났을 때에야 풀렸다. 덕이가 아람이를 화장실로 데려갔다. 칸막이 화장실 벽 안에 놀라운 낙서가 쓰여 있었다.

정아람, 김민아 러브!! ♥ 난 당신을 사랑합니다.

아람이는 화가 머리끝까지 치밀어 올랐다. 씩씩거리며 교실로 들어오던 아람이는 우뚝 걸음을 멈추었다. 얼굴이 새빨개진 민아가 노려보고 있었기 때문이다.

더욱 어이없는 일은 5교시가 끝났을 때 일어났다. 수업이 끝나자 아람이는 제일 먼저 컴퓨터실로 향했다. 아이들의 따가운 눈길을 견딜 수 없어서였다.

'일찍 수업이 끝나서 모두 교실로 돌아간 모양이지?'

5교시에는 6학년 형들의 컴퓨터 수업이 있었다. 아람이는 조용히 컴퓨터실의 문을 열고 안으로 들어갔다. 그러나 채 서너 발자국도 떼기 전이었다. 교실 뒤쪽에서 킥킥대는 웃음소리가 들려왔다. 6학년 형들이 모니터 앞에 옹기종기 머리를 맞대고 있었다.

창밖에서 누군가 외치는 소리가 들려왔다.

"야, 컴퓨터실에 있는 애들, 빨리 도망쳐. 선생님 가신다!"

6학년 형들은 깜짝 놀라 고개를 들었다.

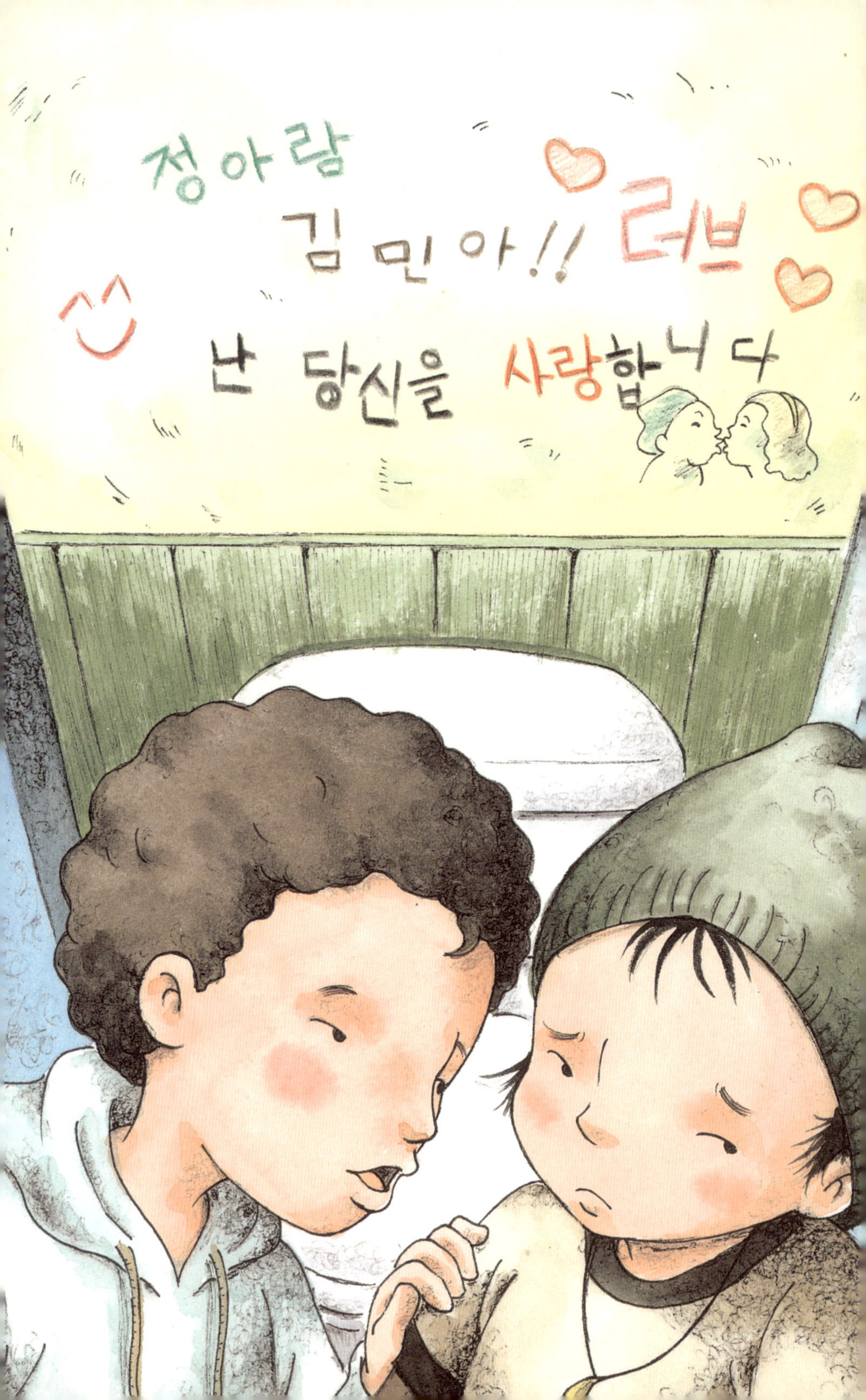
정아람
김민아!! 러브
^^
난 당신을 사랑합니다

"뭐야, 거짓말 아냐?"

"그래도 일단 도망치자."

우당탕 의자를 밀치는 소리와 함께 6학년들이 뛰쳐나갔다. 뛰쳐나가던 형들 중 하나가 아람이와 세게 부딪쳤다. 아람이는 투덜거리며 모니터 쪽으로 다가갔다.

"헉, 이건!"

아람이는 숨이 막혔다. 6학년들이 보던 건 바로 야동이었다!

'어어, 이거 큰일 났네!'

아람이는 마우스를 잡고 동영상을 끄려 했다. 그때였다.

"야, 정아람, 너 좋은 거 본다, 킥킥!"

누군가 아람이의 어깨를 쳤다. 아람이는 심장이 덜컹했다. 재민이와 현동이가 짓궂게 웃고 있었다.

"아냐. 나, 나는 우연히……."

"자식, 너 만날 이런 거 보는구나."

"이, 이건…… 유, 육학년……."

"네가 민아를 좋아하는 것도 이것 때문이지?"

아람이의 변명은 통하지 않았다. 짓궂은 고삼총사들에게 걸린 건 정말 최악 중의 최악이었다.

그날 저녁 무렵. 아람이와 덕이는 음악실로 향했다.

"왜 하필 고삼총사 녀석들한테 걸려 가지고……. 소문이 쫘악 퍼졌어."

덕이가 아람이를 원망했다.

아람이는 고개를 떨어뜨렸다. 정말 억울하고 분했다.

음악실 문을 열자 카펫 위에 엎드린 채 만화책을 읽고 있는 찔레가 보였다.

"어, 찔레도 와 있었네?"

덕이는 반갑게 소리쳤다. 그러자 찔레가 콧방귀를 뀌었다.

"흥, 변태!"

"뭐? 벼, 변태!"

놀란 벤 할아버지는 말을 더듬었다. 쿠르릉 기타 줄까지 엉켰다. 아이들은 벤 할아버지에게 학교에서 있었던 일을 이야기했다.

"사람이 어른이 되려 할 때는 여러 가지 변화가 일어나지. 그중에서 가장 두드러진 변화는 바로 이성에 대한 호기심이 늘어난다는 거야. 하지만 이성에게 관심을 느끼거나 사귀게 될 때 가장 필요한 것이 있단다."

"……?"

"그건 바로 순결의 덕이란다. 순결을 목숨처럼 소중히 여긴 우리 옛 여인들의 이야기를 들려주마."

고려 말에 몽골이 우리나라에 침략했을 때란다. 몽골 병사들은 우리나라 여자들에게 반해 거리에서도 함부로 치근대곤 했지. 때에 따라서는 납치해서 종이나 첩으로 삼기도 하고. 그러자 여자들은 작은 칼을 지니고 다니기 시작했단다. 상대를 물리치지 못하면 스스로 목숨을 끊어 자신의 순결을 지키기 위해서 말이다.

이와 같이 예로부터 우리나라 여자들은 순결을 매우 중요하게 여겼단다. 특히 우리나라는 역사적으로 이웃 나라의 침략을 많이 받지 않았냐. 그러다 보니 아예 은장도를 노리개처럼 가슴에 차고 다니기도 했는데, 그런 풍습은 다른 민족에서는 찾아볼 수 없는 것이지.

"하지만 여자들에게는 너무 가혹한 풍습이었네요."

"그래, 지금은 다 사라진 풍습이지만 말이다. 하지만 지금도 너희 나이 때는 중요할 수 있지. 어설프게 어른 흉내를 내는 것보다는 순수하고 아름다운 우정을 만들어 가는 게 중요하니까. 그러니까 야동 같은 것에 관심을 갖는 건 좋지 못해. 그건 스스로를 비참하게 만들 뿐만 아니라 이성 친구들에게도 모욕을 주는 행동이란다."
아이들은 고개를 끄덕였다.
"그런데 여자 아이들과 우정을 나누는 게 정말 가능할까요? 예를 들어 찔레와 우정을 나눈다는 건 우스울 것 같아요. 찔레만 보면 전 골려 주고 싶은 마음만 드는데."
"누가 너 같은 애랑 우정을 나누고 싶대?"
덕이 말에 찔레가 톡 쏘아붙였다. 벤 할아버지는 껄껄 웃었다.
"허허허, 우정을 나누는 건 남자, 여자를 떠나서 모두에게 힘든 일이지. 왜냐하면 서로를 제대로 이해하려 하지 않기 때문이야. 진정한 우정을 위해서는 먼저 마음의 눈을 떠야 한단다. 그래야 상대방을 제대로 보고 이해할 수 있지. 친구의 어떤 점만을 보고 좋아하거나, 또 어떤 것을 보고 싫어하는 건 우정을 위해 전혀 도움이 되지 못한단다."

"이성 친구 사이에서는 더욱 그렇겠죠? 여자와 남자는 생김새뿐만 아니라 생각과 느끼는 것도 조금씩 다를 수밖에 없을 테니까요."

찔레의 말에 벤 할아버지는 조용히 말을 이었다.

"그렇단다, 그래서 마음의 눈을 더욱 크게 뜨는 게 필요하지. 그러자면 이성을 성적인 호기심이 아니라 순결한 마음으로 대하려는 자세가 더욱 중요할 게다. 성적인 호기심을 앞세우면 우리의 눈은 더욱 흐려질 테니까 말이야."

아이들은 모두 고개를 끄덕였다.

다음날 마지막 시간에 다시 '자랑스러운 5학년 4반 어린이상'을 위한 투표가 있었다. 이번에는 야동 사건 때문에 아람이가 큰 손해를 입을 게 뻔했다. 하지만 아람이는 걱정하지 않았다. 언젠가는 아이들의 오해가 반드시 풀리리라 믿었기 때문이다.

민아와의 문제도 마찬가지였다. 벤 할아버지에게 배운 순결의 덕을 지켜 나가면 언젠가는 민아도 아람이의 친구가 될 수 있을 것이다. 아람이는 민아를 좋아하고 있었다.

벤 할아버지의 친구들

중국 진나라가
수나라에게 망할 때였다.
진나라의 관리 서덕언은 거울을 반으로 쪼개
아내에게 주며 말했다.

"우리가 헤어질 경우
이걸 증표로 갖고 있다가
정월 대보름날 시장에
내다 파시오. 내가 살아 있다면
언제라도 당신을 찾을 것이오."

얼마 후, 수나라 군사가 쳐들어와 아내는
수나라의 귀족 양소에게 잡혀 노비가 되었다.

서덕언의 아내는 남편을 잊지 못해
해마다 정월 대보름만 되면 노파에게
부탁해 거울을 시장에 가져가게 했다.

몇 년 후, 서덕언은 시장에서
깨진 거울을 팔고 있는 노파를 보았다.
그는 당장 자신의 거울과 맞추어 보니
딱 맞았다. 그러나 아내는
수나라 귀족의 노비가 된 터라
성 밖으로는 나올 수 없는 처지였다.

서덕언은 거울 뒤에 다음과 같은
시를 적어 노파에게 전해 달라고 했다.
"거울과 사람이 함께 갔건만
거울은 돌아오고 사람은 돌아오지 않네."

시를 읽은 서덕언의 아내는 그날부터
아무것도 먹지 않고 울기만 했다.

"대체 무슨 일이냐?"
양소가 묻자 서덕언의 아내는
거울을 꺼내 보이며 말했다.
"남편이 약속을 잊지 않고 찾아왔건만
만날 수 없는 처지가 서러워서 웁니다."

양소는 두 사람의 사랑에 크게 감동하여
서덕언에게 아내를 돌려보냈다.

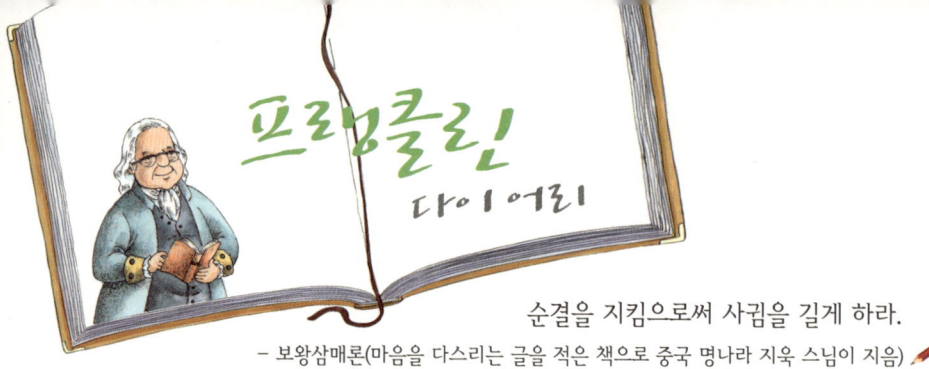

순결을 지킴으로써 사귐을 길게 하라.
– 보왕삼매론(마음을 다스리는 글을 적은 책으로 중국 명나라 지욱 스님이 지음)

한 남자가 결혼한 여자를 사랑하게 되었다.
그러다 남자가 병이 들어 의사에게 갔다.
"당신의 병은 원하는 것을 얻지 못해서 생긴 것입니다.
그 여자와 함께 밤을 지내면 바로 나을 것입니다."
하지만 남자는 차마 그럴 수가 없어서 스승을 찾아가서 의논했다.
물론 스승은 절대 안 된다고 했다.
"그럼 그녀의 손을 잡고 사랑을 고백하면 어떻겠습니까?"
"그것 역시 안 될 일이다."
"그럼 그녀가 목욕하는 것을 엿보면 어떻겠습니까?"
"그것 역시 안 될 일이다."
스승의 말과 같이 순결은 남이 보건 안 보건, 육체적으로나
정신적으로나 꼭 지켜야 한다.
그렇지 않고 자기 감정대로만 한다면
스스로 타락하는 것은 물론 사회까지 어지러워지기 때문이다.

7 일곱 번째 덕

근면의 비밀

물결이 세찬 곳에는 튼튼한 다리를 세우고,
꽃이 만발한 정원에는 아름다운 정자를 세우듯,
네 꿈을 이루는 일에도
튼튼한 사다리가 필요해.
근면의 덕!
우리가 이룬 꿈의 99%는
땀으로 채워져 있다는 사실을 기억하렴.
성공의 기적은 나머지 1%일 뿐이야.

머리로 만든 미래, 땀으로 만든 미래

중간고사 일정이 발표되었다. 10월 15일. 2주일 뒤였다.

"아이고, 또 시험이래."

수업이 끝나자 삼총사는 음악실로 몰려갔다. 무엇인가 중요한 일이 생기면 음악실부터 찾는 것이 버릇처럼 되어 버렸다.

음악실 문을 열자 이제까지와는 다른 음악이 귀청을 울렸다. 베토벤의 운명 교향곡. 더 놀라운 것은 벤 할아버지였다. 음악실 한가운데에서 지휘자처럼 팔을 휘두르고 있었던 것이다.

"헉, 벤 마에!"

"어험, 너희들 왔냐?"

벤 할아버지가 멋쩍은 듯 헛기침을 했다.

변한 건 음악 소리만이 아니었다. 음악실의 분위기도 전과 달라졌다. 뭐라고 딱 꼬집어 말할 수는 없지만 알 수 없는 빛이 흘러 다니는 것 같았다.

비르뚱 나무 때문인지도 몰랐다. 비르뚱 나무는 그새 높은 가지를 뻗어 올리고 있었다. 침침한 음악실에 빛을 뿌리는 건 넓고 푸른 잎을 매단 씩씩한 나뭇가지들인 것 같기도 했다.

네 사람은 음악실 한가운데에 옹기종기 모여 앉았다. 찔레가 가져온 과일을 내놓았다. 과일은 무척 달았다.

"중간고사가 2주일 뒤로 다가왔으니 열심히 공부해야겠구나."

벤 할아버지가 말했다. 찔레가 배시시 웃었다.

"사실은 그래서 온 거예요. 어떻게 하면 시험을 잘 볼수 있는지 비법을 얻으려고요."

"비법이라······."

벤 할아버지는 잠시 생각한 뒤 말했다.

"한 가지 있지. 바로 열심히 공부하는 거란다."

"에이, 그건 우리도 다 알아요."

아이들은 실망한 듯 소리쳤다.

"그렇다면 별 도움이 안 되겠는걸. 하지만 너희들이 조금 더 열심히 공부할 수 있도록 환경을 마련해 줄 수는 있지."

"어떻게요?"

아이들은 귀가 솔깃해졌다.

"나하고 내기를 하는 거야."

"내기요?"

"그래, 오늘 음악을 듣다 보니 나도 작곡을 해 보고 싶다는 생각이 들더구나. 그러니까 앞으로 2주 동안 너희는 공부를 하고, 나는 작곡을 하는 거지. 누가 훌륭하게 목표를 이루는지 겨뤄 보는 거야."

"내기를 하면 벌칙이 있어야 하잖아요?"

"그렇지, 너희들이 이기면 내가 조그만 선물을 주도록 하마. 하지만 내기에서 지면 아주 엄청난 벌을 받도록 해 줄 테다."

"엄청난 벌이요?"

아이들은 긴장한 눈빛으로 벤 할아버지를 보았다.
"미리 밝히면 재미없으니까 그때 가서 알려 줄게."
할아버지가 껄껄 웃었다.

"이건 기적이야, 기적! 맹물초등학교 60년 역사에 처음 일어난 기적."
아이들의 눈에는 부러움이 가득했다. 아니, 부러움이 아니라 놀라움과 공포감이었다. 선생님의 손에는 커다란 상품과 상장이 들려 있었다.
"이건 교장 선생님께서 특별히 주문해서 만든 거예요. 교장 선생님도 덕이이야말로 우리 학교의 자랑이라고 말씀하셨거든요."
덕이가 상을 받는 순간 세상이 떠나갈 듯한 함성이 들렸다. 그러나 고삼총사들은 질투와 분노의 눈물을 흘렸다.

'아, 맞다! 고삼총사 녀석들.'
덕이는 퍼뜩 정신을 차렸다. 달콤한 꿈이 현실이 되기 위해서는 고삼총사보다 더 열심히 공부를 해야 했다. 하지만 쉽지 않은 일이었다. 도저히 포기할 수 없는 일이

있었기 때문이다. 하루 두 시간의 컴퓨터 게임, 한 시간의 텔레비전 시청. 저녁 시간에 두 가지 일을 하고 나면 눈꺼풀이 내려앉으며 졸음이 쏟아지기 시작했다. 그러나 덕이는 그 두 가지를 포기할 수 없었다.

'시험을 잘 보려면 이래선 안 되는데. 어떡하지?'

덕이는 며칠 만에 두 손을 들고 말았다. 찔레와 아람이도 마찬가지였다.

"아이고, 시험 때가 되니까 거들떠보지도 않던 일들이 다 재미있게 보인다니까."

"어떤 형은 세상에서 공부가 제일 쉬웠다는데 우리는 왜 이러지?"

푸념하던 아이들의 머릿속엔 벤 할아버지가 떠올랐다. 얼마나 열심히 작곡을 하고 계실지 궁금했다. 아이들은 우르르 음악실로 몰려갔다.

"할아버지, 공부하는 게 너무 힘들어요. 이렇게 힘들지 않고도 공부를 잘할 수 있는 방법은 없을까요?"

벤 할아버지를 만나자마자 아이들은 투정부터 부렸다.

"좋은 미래란 머리로 만드는 것이 아니란다. 오직 자신이 흘린 땀만으로 만들 수 있지. 좋은 결과는 머릿속의 즐거운 상상으로 이뤄지지 않아. 오직 땀 흘려 목표를 이루려는 근면함을 통해서만 얻어진단다. 이 이야기를 좀 들어 보거라."

　토마스 에디슨은 백열전등, 축음기 등 1,300가지가 넘는 발명품을 만들어 낸 천재였지. 그러나 에디슨도 젊은 날에는 그리 뛰어난 사람이 아니었어. 초등학교에선 겨우 3개월 만에 쫓겨났고, 어른이 되어서도 변변한 직장 하나 잡지 못했단다.

　어느 날 에디슨은 자신을 곰곰이 돌이켜보았어. 희망 없는 삶을 살아가는 자신이 벌레만도 못하게 여겨졌지. 에디슨은 깊은 고민에 빠졌단다.

　"나도 이 비참한 삶을 벗어나 성공할 수 있을까?"

　에디슨은 고개를 저었단다. 지금 이 상태대로라면 성공은커녕 영원히 비참한 삶을 벗어날 수 없다고 생각한 거야.

　오랫동안 고민하던 에디슨은 마침내 한 가지 결론을 얻었지.

일곱 번째 덕 * 근면의 비밀 | 107

"이제부터는 사람들과 만나는 일을 최대한 줄이자. 쓸데없는 공상에 빠지거나 무의미한 행동도 다 버리자. 그리고 아침에 눈을 뜰 때부터 잠자리에 들 때까지 오직 일만을 생각하는 거야."

에디슨은 자신의 결심을 꿋꿋이 지켜 나갔단다. 오직 이루려는 목표와 근면한 생활만을 생각했어. 에디슨은 하루에 스무 시간씩 발명이라는 한 가지 일에만 몰두했단다. 결국 그는 역사상 가장 위대한 발명가가 되었지."

"우아, 하루 스무 시간 동안 일만 했다고요?"
아이들은 입을 다물 수 없었다. 하루 한 시간 하는 공부도 힘겹게 느껴지는 자신들이 부끄러웠다.

"그렇다고 너희더러 하루에 스무 시간씩 공부를 하라는 얘기가 아니란다. 너희 나이 때에는 많은 분야에 관심을 쏟고 또 건강을 위해 잠을 푹 자는 일이 중요하지. 하지만 자신을 발전시키는 일에는 누구보다 굵은 땀방울을 쏟을 줄 알아야 한다. 그것이 바로 '근면의 덕'이 가르쳐 주는 교훈이란다."

"근면의 덕."

아이들은 근면이란 낱말을 가만히 되뇌어 보았다.

"다만 하지 않아도 될 행동은 끊어야 한다. 오직 자신을 발전시키는 데 유익한 일만 생각하며 땀을 흘려라. 그러면 너희들의 앞날에는 희망만이 가득할 거다."

아이들은 깊은 침묵 속에서 벤 할아버지의 말씀을 되새겨 보았다. 한 줄기 햇살이 비치는 느낌이었다.

열흘 뒤. 시험이 끝나고 성적이 발표됐다. 놀라운 결과가 나타났다. 덕이는 평균 점수를 20점이나 끌어올렸다. 찔레는 21점을 끌어올렸고 아람이도 10점을 올렸다.

삼총사의 놀라운 성적은 반 친구들에게 충격을 주었다. 담임선생님은 덕이와 찔레의 어깨를 토닥여 주었다.

"앞으로도 그렇게 열심히 노력하렴. 자, 여러분. 덕이와 찔레에게 큰 박수를 쳐 줍시다."

우레와 같은 박수소리가 교실에 울려 퍼졌다. 못마땅한 표정을 짓고 있는 건 오직 고삼총사뿐이었다.

벤 할아버지도 자기 일처럼 기뻐해 주었다.

"좋은 성적을 거두었다니 할아버지도 신이 나는걸. 그

런데 이번에 올린 성적이 원래 너희들이 목표로 했던 점수였니?"

아이들은 웃으며 대답했다.

"아뇨, 원래는 올백을 노렸었는데, 히히."

"허허, 그렇다면 벌을 받아야겠구나. 전에 너희들이 벌칙이 뭐냐고 궁금해했었지. 바로 이거란다."

벤 할아버지는 구석에 놓여 있던 기타를 가져왔다.

"벌칙은 바로 내가 작곡한 음악을 감상하는 거란다. 귀가 이상해져도 난 모른다."

벤 할아버지도 지난 2주 동안 목표를 이루었던 것이다. 아이들은 기대감에 가득 찬 눈빛으로 할아버지의 연주를 기다렸다.

하지만 그건 정말 엉터리 곡이었다. 어서 연주가 끝나기를 바랄 정도였다.

이윽고 음악이 끝나자 아이들은 웃음을 터뜨렸고 벤 할아버지도 머쓱한 표정을 지었다. 그런 네 사람을 비르뚠 나무가 가만히 바라보았다. 바람이 불기라도 하듯 크게 몸을 뒤척인 나무는 아무도 몰래 한 뼘쯤 가지를 뻗어 올렸다.

벤 할아버지의 친구들

주시경(1876~1914)은
한글이란 이름을 짓고,
한글을 널리 보급한 국어학자이다.

어릴 때 그는 서당에서 한문을 배우면서
왜 쉬운 우리말을 두고 어려운 한자를
쓰는지 의문을 가지게 되었다.

훈장님이 한문을 한자음대로 읽어 줄 때에는
아이들이 멍하니 있다가 우리말로 새겨 주면
비로소 고개를 끄덕였다.

주시경이 배재학당에 들어가
새로운 학문을 배우면서
한 선생으로부터
"문명이 발달하고 잘사는 나라는
모두 자기 말과 글이 있다."는 말을 들었다.

그때부터 주시경은 우리글을 연구하고,
널리 보급하기 위해
밤낮을 가리지 않았다.

그가 강의를 다닌 학교는
무려 아홉 개나 되었으며,
일요일에는 상동청년
학원과 여러 강습소를
돌아다니며 우리글을 가르쳤다.

뿐만 아니라 『말모이(국어사전)』를 편찬하고,
『말의 소리』를 저술하는 등,
한글의 보호와 발전에 **밤낮을**
가리지 않고 일했다.

주시경은 서른아홉 살의
젊은 나이로 세상을 떠났지만
근면과 열정으로
우리글의 위대성을
세상에 알린 업적을 남겼다.

프랭클린 다이어리

새벽에 일어나서 운동하고 공부하며 노력하는데도 인생에서 좋은 일은 일어나지 않는다고 말하는 사람이 있는지 곰곰이 생각해 보라. – 앤드류 매터스(호주의 작가, 만화가)

벤자민 프랭클린은 누구보다 열심히 근면의 덕을 실천한 인물이다.

인쇄소를 운영할 때 그는 매일 밤 11시가 넘어서까지 일을 했다.

하루는 활판(인쇄에 쓰이는 활자판)을 다 짜놓고

일을 끝내려 하는데 갑자기 판 하나가 부러져 버린 일이 있었다.

부러진 활판뿐만 아니라 모든 활판이 뒤죽박죽이 되어 버렸다.

보통 사람 같으면 화를 내거나 잠자리로 도망쳤겠지만

프랭클린은 그렇지 않았다.

그는 밤새워 모든 활판을 제자리에 놓은 뒤에야 침대로 갔다.

이런 성실함 때문에 프랭클린은 많은 사람들로부터 존경을 받았다.

그를 잘 아는 베어드 박사는 이렇게 말했다.

"프랭클린처럼 열심히 일하는 사람을 본 적이 없어요.

그 사람은 내가 술집에서 집으로 돌아갈 때도 일을 하고 있고,

또 사람들이 일어나기도 전에 일을 시작하지요."

프랭클린이 큰 성공을 거두고 위대한 인물이 된 건

바로 그런 근면함 때문이었다.

8 여덟 번째 덕

청결의 비밀

더러운 유리창으로는
더러운 세상만이 보여.
맑고 깨끗한 세상은 오직 보석처럼
눈부신 유리창 속에 가득하지.
네 몸과 마음속에
청결의 습관을 심어 봐.
네 덕을 지켜 주는
맑고 튼튼한 문으로 자라날 거야.

깨끗해진 유리창

　　시험이 끝나고 처음 맞은 일요일이었다. 아이들은 동네 햄버거 가게에 모였다.

"왜 이렇게 몸에 힘이 없지."

모두들 우울한 표정이었다. 탁자 위에는 먹다 남긴 햄버거와 콜라가 놓여 있었다. 평소 같으면 마파람에 게 눈 감추듯 먹어 치웠을 아이들이지만 지금은 입맛마저 잃은 듯했다.

"모든 일에 의욕이 생기질 않아."

"시험이 끝나니까 긴장이 다 풀렸나 봐."

아이들은 침묵했다. 묵묵히 탁자 위의 햄버거를 쳐다

보던 찔레가 고개를 들었다.

"이러지 말고 우리 오늘 신나게 놀아 볼까?"

"뭐하고?"

덕이와 아람이가 반짝 눈을 빛냈다.

"새로 나온 만화 영화도 보고, 게임방도 가고, 팬시 문구점에 가서 예쁜 것도 사고. 음……. 롤러스케이트장에도 갈까?"

"그건 하지 않기로 한 일들이잖아. 절제의 덕, 절약의 덕, 근면의 덕……. 또 뭐가 있지?"

아람이가 손가락을 꼽으며 말했다.

"하루쯤 지키지 않는다고 큰일 나냐? 오늘만 신나게 놀아 보자. 벤 할아버지한테는 비밀로 하고 말이야."

덕이의 말에 아이들은 은밀한 눈짓을 주고받았다.

"그럼 그래 보기로 할까?"

그날 아이들은 모처럼 신나게 놀았다. 영화관, 청소년 노래방, 게임방, 학교 놀이터 등등.

늦은 오후, 헤어질 시간이 되었다. 몸은 힘들었지만 마음만은 하늘을 오른 듯 상쾌했다.

그런데 이상한 일이었다. 처음의 다짐과는 달리 노는 일은 그 뒤로도 쭉 계속됐다. 그때마다 아이들은 생각했다.

'괜찮아, 오늘 하루쯤 게으름을 부린다고 크게 달라지는 건 없어.'

다시 옛날 생활로 돌아간 것이었다. 열심히 책 읽고 공부하던 아이들이 이제는 틈만 나면 텔레비전 앞에 앉았다. 게임방의 단골손님이 된 건 말할 것도 없었다. 시간 계획표는 휴지 조각으로 변하고, 방은 돼지우리처럼 변했다. 나갈 일이 없으면 잘 씻지도 않았다.

"어휴, 정말 이렇게 지내도 되는 걸까?"

"난 내 몸과 마음에서 냄새가 나는 것 같아."

"난 점점 기운이 없어지고 자꾸 졸려."

아이들은 자신들의 몸과 마음속에 쓰레기를 채워 넣는 느낌이 들었다.

"그래, 벤 할아버지야. 할아버지를 찾아가 보자."

마침내 아이들 입에서 벤 할아버지의 이름이 나왔다.

벤 할아버지는 음악실에 없었다.

다음날도 마찬가지였다. 그리고 그 다음날도. 아이들은 조바심이 났다.

"혹시 할아버지가 떠나신 건 아닐까?"

"에이, 설마 우리한테 말도 하지 않았는데. 그리고 아직 겨울도 오지 않았잖아."

"그래, 할아버지 짐이 그대로 있잖아."

아이들이 벤 할아버지를 만난 건 그 다음날이었다. 마을 공원을 지나가고 있는데 찔레가 갑자기 소리쳤다.

"저기, 벤 할아버지다!"

찔레가 가리킨 공원 벤치에는 정말 벤 할아버지가 있었다. 웬 할머니와 함께였다.

"할아버지, 벤 할아버지!"

아이들은 뛰어가며 소리쳤다. 그런데 뜻밖으로 벤 할아버지 얼굴에 못마땅한 기색이 비쳤다.

"영감님 손주들이에요?"

"손주는 무슨 손주. 이렇게 젊은 내가 벌써 손주 볼 나이로 보이시오?"

할머니 말에 벤 할아버지가 버럭 소리를 질렀다. 그때 덕이가 눈치 없이 끼어들었다.

"할아버지, 지금 데이트하시는 중이에요?"

"대체 무슨 일이냐? 왜 이렇게 호들갑을 떨어?"

벤 할아버지가 덕이를 흘겨봤다.

"할아버지, 큰일 났어요. 할아버지가 꼭 도와주셔야 해요."

"무슨 큰일이 그리 자주 일어나니? 알았다, 알았어. 모두들 음악실에 가 있거라."

아이들은 킥킥거리며 돌아섰다.

음악실에 모인 아이들은 벤 할아버지를 기다리며 지저분해진 자신들의 모습을 거울에 비춰 보았다. 그때, 음악실 문이 열리고 할아버지의 목소리가 들렸다.

"너희들, 까마귀가 친구하자고 하겠다! 오늘 세수는 했니?"

"예, 대충 했어요. 일요일이잖아요."

아이들의 말에 벤 할아버지는 사람이 만든 더러운 환경에서 어떤 끔찍한 일이 벌어졌는지 얘기해 주었다.

프랑스의 궁전에는 화장실이 없단다. 아름다운 궁전에 화장실처럼 더러운 것이 있어서는 안 된다는 왕과 귀족들의 생각 때문이었지. 그래서 왕과 귀족들은 저마다 휴대용 요강을 가지고 다녔단다. 그것을 비우는 일은 하인들의 몫이었는데, 주로 궁전의 으슥한 곳에 버렸단다. 요강이 없는 사람들은 벽 뒤나 풀숲 같은 곳에서 해결하고.

일반 가정에서도 요강을 사용했는데, 그 오물을 길거리에 마구 버렸단다. 그래서 좁은 길을 다닐 때면 항상 머리 위를 조심해야 했지. 언제 오물이 쏟아질지 몰랐거든. 밖에서도 볼일이 보고 싶으면 아무 데서나 봤단다. 망토와 양산이 유행한 건 그 때문이야. 볼일 볼 때 가리려고 말이야.

프랑스뿐만 아니라 영국 등 유럽의 다른 나라도 사정은 비슷했단다. 그러다 보니 거리는 온통 똥오줌으로 가득했고, 콜레라 등 전염병도 많이 돌았단다. 1347년부터 1350년에 걸쳐 전 유럽을 휩쓴 페스트도 불결하고 비위생적인 환경에서 발생한 전염병이지. 병에 걸리면 며칠 안에 죽는데 온몸의 피부가 검푸르게 변해 흑사병이라고도 한단다. 이 병으로 유럽 인구의 3분의 1이 죽었단다.

"3분의 1이나요!"
아이들은 입을 다물지 못했다.
"그래, 이제 청결이 얼마나 중요한지 알겠지?"
"예……."
"청결이란 몸뿐만 아니라 마음까지 깨끗하게 하는 것을 말한단다. 마음이 깨끗해야 몸도 깨끗하게 가꾸지. 그게 바로 '청결의 덕'이란다."
덕이와 찔레의 얼굴에 웃음꽃이 피기 시작했다.
"더러운 유리창이 깨끗하게 닦인 느낌이에요."
"몸과 마음이 환해진 것 같아요."
벤 할아버지도 활짝 웃었다.

벤 할아버지의 친구들

힐렐(기원전 60년~기원후 20년경)이라는
유대인 랍비가 있었다.
어느 날, 힐렐이 급히 가고 있는 것을 보고
한 학생이 쫓아와 물었다.

"선생님, 무슨 급한 일이 있습니까.
어딜 그렇게 바삐 가십니까?"
"암, 급하고말고.
착한 일을 하러 가니까 말일세."

학생은 착한 일이 무엇인가
궁금해서 쫓아가 보았다.
그런데 힐렐은 뜻밖에도
목욕탕에 들어가 몸을 씻었다.
"아니, 목욕하는 것이
어떻게 착한 일입니까?"
학생은 어이없어했다.

"사람이 몸을 깨끗이 하는 것은 대단히 착한 일이네.
로마인은 동상들을 깨끗이 닦고 있지만
그보다는 자신을 깨끗이 닦아야 한다는 걸 알아야 한다네.
자신을 닦는다는 건 바로 착한 일의 시초니까."

예로부터 유대인은 손을 씻는 것을
신과 접촉하는 신성한 행위로 여겼다.
따라서 밥 먹기 전과 화장실을 다녀온 뒤에는
반드시 손을 씻어야 한다.
이러한 청결 습관 덕분에 중세 유럽에 페스트가 퍼져
인구의 3분의 1이 죽었을 때도 유대인들만은 무사했던 것이다.

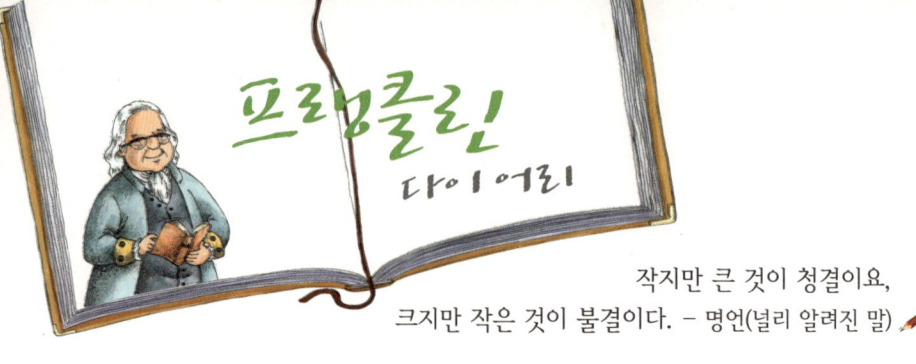

작지만 큰 것이 청결이요,
크지만 작은 것이 불결이다. - 명언(널리 알려진 말)

헝가리 출신의 의사 젬멜바이스(1818~1865)가 한 병원에서 근무하고 있을 때였다. 그 병원의 산부인과에는 의사가 관리하는 병동과 조산부가 관리하는 병동이 각각 따로 있었는데, 당시 병원에는 산욕열(출산할 때 상처에 병균이 들어가 일어나는 병)이 퍼져 매일 산모가 죽어갔다. 그는 의사들이 산모에게 병균을 옮기고 있는 것이 아닐까 하고 생각에 염소수로 손을 씻도록 권했는데, 그 결과 산욕열이 크게 줄어들었다. 젬멜바이스가 그런 생각을 한 것은 조산부가 관리하는 병동보다 의사가 관리하는 병동에서 산욕열이 많이 발병했기 때문이었다. 의사가 관리하는 병동에는 해부실과 분만실이 있었는데, 산욕열로 죽은 환자를 해부하고 나서 그 불결한 손으로 산모를 진료한 것이었다. 그러나 당시에는 그의 주장이 받아들여지지 않았을 뿐만 아니라 불결함이 병의 원인이라는 것도 몰랐다. 그러다 19세기 후반에 파스퇴르와 코호 등이 병원체에 의한 병의 감염을 밝혀 내면서 건강한 삶을 위한 첫 번째 조건이 청결이라는 것이 알려졌다.

9 아홉 번째 덕

결단의 비밀

가을녘의 풍요로운 들판은
농부가 쟁기질을 시작하기 전엔
절대로 찾아오지 않아.
폭풍우가 몰아쳐도 쉬지 말고
뙤약볕이 내리쬐여도 포기하지 마.
상상을 현실로 만드는 건 바로
네 결단이야.

기적 같은 중간 개표 결과

　　금요일, 소문은 사실로 드러났다. '자랑스러운 5학년 4반 어린이상'의 중간 개표를 할 것이라는 소문이었다.
　"겨울방학이 시작되려면 멀었지만 중간에 투표함을 열어 보는 것도 큰 의미가 있을 거예요. 개표가 끝나면 여러분 모두 그간 내게 부족한 건 무엇인지 돌이켜 보도록 하세요."
　선생님의 말에 갑자기 교실 안에 긴장감이 돌았다.
　선생님은 재민이가 끙끙거리며 가져온 투표함에서 투표지를 꺼냈다.

"박재민 1표, 김민아 1표, 김현동 1표, 이란미 1표, 박재민 1표, 김현동 1표……."

모두 예상하던 결과였다. 고삼총사가 대부분의 표를 휩쓸어 갔다. 그러나 잠시 뒤 놀라운 일이 벌어졌다. 드문드문 찌질이삼총사 표들이 나오기 시작한 것이었다.

"와, 쟤네들 표도 나오네!"

아이들이 놀란 눈으로 찌질이삼총사를 돌아다보았다.

"장나희 1표, 윤덕 1표, 정아람 1표, 박재민 1표, 고찔레 1표, 윤덕 1표, 고찔레 1표……."

개표가 중간을 넘어서자 더욱 놀라운 일이 벌어졌다. 찌질이삼총사를 찍은 표들이 점점 많이 나타나더니, 어느새 고삼총사를 누르기 시작한 것이었다.

박재민 52표. 이란미 36표, 김현동 29표, 윤덕 20표, 고찔레 19표, 정아람 9표.

9주간에 걸친 총 투표수 270표 중에 두 삼총사가 나눠 가진 표였다. 엄청난 사건이었다.

"우아, 누가 쟤네들을 저렇게 많이 찍었데?"

"그럴 만해. 찌질이삼총사는 그동안 정말 많이 변했잖아."

모두들 입을 다물지 못했고, 모두들 고개를 끄덕거렸다. 고삼총사 역시 놀란 표정이었다. 하지만 가장 크게 놀란 건 덕이, 찔레, 아람이였다. 특히 덕이와 찔레는 믿기지 않은 표정으로 멍하니 칠판에 적힌 이름과 투표수를 바라보았다.

'정말 저게 나를 찍은 표야?'

덕이와 찔레는 제 살을 꼬집어 보았다. 꿈은 아니었다. 아람이 역시 개표 결과를 믿을 수 없었다. 그러나 입을 꾹 다문 채 한동안 고개를 들지 않았다.

학교가 끝나자 덕이와 찔레는 음악실로 달려갔다. 이 기쁜 소식을 제일 먼저 벤 할아버지에게 알리고 싶었다.

"할아버지, 할아버지! 큰일 났어요, 큰일!"

소파에서 졸고 있던 벤 할아버지가 벌떡 일어섰다.

"또 무슨 일이냐. 어디 불이라도 났냐?"

"불이 난 게 아니고요, 중간 개표를 했는데 엄청난 표가 나왔어요."

"뭐, 엄청난 표가 나와? 그거 대단하구나."

벤 할아버지 역시 기뻐했다.

"허허허, 앞으로 더 큰일이 일어나서 너희들 중 하나가 어린이상을 받았으면 좋겠는걸."
그러다 갑자기 웃음을 멈추고 문 밖을 보았다.
"아람이는 어디 있냐?"
"우린 먼저 여기로 온 줄 알았는데요."
찔레와 덕이 말에 벤 할아버지의 표정이 심각해졌다.
"아무래도 아람이가 실망을 한 모양이구나."
덕이와 찔레의 마음도 갑자기 어두워졌다.

아람이는 시무룩해서 학원으로 가고 있었다. 시험 성적도 그렇고 어린이상 투표도 그랬다. 똑같이 시작했는데도 왜 자기만 이렇게 뒤처지는 걸까?
 '역시 난 아닌가 봐. 차라리 여기서 포기하는 게 낫지 않을까?'
그때 누군가 아람이의 어깨를 쳤다. 깜짝 놀라 돌아보니 벤 할아버지였다.
 "오랜만이다, 아람아. 어째서 음악실에는 오지 않은 거냐?"
 "그, 그냥요……."

아람이는 말꼬리를 흐렸다.

"아람아, 너 떡볶이 좋아하니?"

"떡볶이요? 당연히 좋아하죠."

"잘됐다, 배도 출출한데 떡볶이나 먹으러 가자. 내가 잘 아는 집이 있는데."

벤 할아버지는 골목 골목을 돌아 한 깔끔한 떡볶이 집으로 들어갔다.

"이런 데 떡볶이 집이 있는 줄 몰랐어요. 아시는 집이에요?"

"먹어 보진 않았지만 아주 매운 떡볶이로 유명하지."

할아버지는 탁자 위에 놓인 빨간 떡볶이 접시를 말없이 내려다보았다.

"사실은 오늘 나한테 슬픈 일이 있었단다. 그 못된 할망구한테 그만 걷어차이고 말았지 뭐냐. 내가 이상형이 아니라나. 쳇!"

아람이는 깜짝 놀랐다.

"할아버지가 차였다고요?"

"그래서 우울한 마음을 매운 음식으로 달래 볼 생각이란다."

갑자기 벤 할아버지는 우걱우걱 떡볶이를 입 안에 넣었다.

"캑캑, 물!"

벤 할아버지가 얼굴이 새빨갛게 변한 채 소리쳤다. 아람이는 얼른 물컵을 내밀었다.

"오호, 맵다, 매워!"

"할아버지, 그렇게 매우면 드시지 마세요."

벤 할아버지는 고개를 저었다.

"아니다, 아니야. 매워도 맛있는걸. 그리고 난 한번 결심한 건 꼭 끝을 봐야 직성이 풀린단다."

'할아버지가 매운 음식으로 연기를 하는 건 바로 나 때문이야…….'

아람이는 눈물이 날 것 같았다.

"죄송해요, 잘해 보려고 노력은 했지만 더 이상은 못하겠어요. 시험 성적도 제일 조금 오르고, 민아는 아직도 날 오해하고, 아이들은 아직까지 그 얘기를 하고. 그래서 9주 동안 9표밖에 나오지 않았다고요."

"그랬구나……."

벤 할아버지는 아람이의 이야기를 끝까지 들어주곤 떡볶이 집에 대해서 이야기해 주었다.

이 집도 처음부터 이렇게 잘되지 않았단다. 손님이 없어서 몇 번이나 문을 닫으려고 했지. 그럴 때마다 남편은 차라리 공장에 취직해서 돈 버는 게 낫겠다고 했지. 하지만 주인아주머니는 포기하지 않았어.

'난 반드시 떡볶이 집으로 성공하고 말 거야. 우리나라에서 가장 맛있는 떡볶이 집을 하는 게 내 꿈이었거든.'

그 꿈은 주인아주머니가 학교에 다닐 때부터 꾼 것이었단다.

그런데 장소가 좋지 않았는지 열심히 해도 손님이 없는 거야. 더구나 몇 년 전에는 손님 잘못으로 불이 나서 가게를 홀랑 태워 버렸지 뭐냐. 남편은 당장 가게를 그만두지 않으면 이혼하겠다고까지 했어.

주인아주머니는 한 번만 더 기회를 달라고 사정했지. 가게를 새로 짓고, 새로운 양념을 개발하고, 잘 되는 집들을 찾아가서 맛을 보고 연구했단다. 한번 온 손님은 꼭 단골로 만들고.

그러다 보니 어느 틈엔가 자리가 없어서 손님을 받지 못하게 된 거야. 텔레비전에도 소개되고.

"아, 그러니까 여기가 바로 대박 집이란 곳이구나!"
"그래, 그렇게 말하더구나."
아람이는 신기해서 가게를 둘러보았다. 점심때가 훨씬

지났는데도 가게 안은 손님들로 꽉 차 있었다.

"아람아, 꿈을 이루는 사람과 그렇지 못한 사람의 차이는 아주 작단다. 모두가 머릿속으로는 무엇을 해야 할지 알고 있지. 하지만 그 일을 하기로 결정하고 끝까지 노력하는 사람은 드물거든. 그게 바로 성공과 실패의 차이가 된단다."

아람이는 할아버지의 말에 귀를 기울였다.

"'해야 할 일은 하기로 결심하라. 결심한 일은 반드시 하라.' 그것이 결단의 덕이란다. 결단의 덕이 없으면 우리는 아무것도 이뤄 낼 수 없지."

아람이는 부끄러움을 느꼈다.

"아직 가야 할 길이 멀단다. 그런데 돌부리 몇 개에 차였다고 벌써 포기하려는 거니?"

벤 할아버지의 부드러운 말이 아람이의 마음을 송곳처럼 찔렀다.

"제 생각이 짧았어요. 이젠 절대 포기하지 않을게요. 반드시 제 꿈을 이뤄 낼게요."

벤 할아버지는 아람이의 손을 잡았다.

"그래, 포기란 배추를 셀 때 쓰는 말이지 꿈을 위해서 쓰는 말이 아니란다."

아람이는 깔깔 웃음을 터뜨렸다.

며칠 뒤 기적 같은 일이 일어났다. 컴퓨터실에서 야동을 보던 6학년 형들이 컴퓨터 사용 기록을 추적한 선생님에게 걸린 것이었다.

아람이의 누명은 벗겨졌다. 민아의 오해도 풀렸다. 화가 난 민아는 재민이와 현동이에게 소리쳤다.

"너희들 때문에 엉뚱한 사람을 미워했잖아. 너희들, 아람이한테 무릎 꿇고 사과해야 하는 거 아냐?"

물론 사과 따위는 없었다. 그래도 아람이는 기뻤다.

"그래, 묵묵히 참고 기다린 결과야. 다른 일도 결코 포기하지 않을 거야. 마음먹은 일은 무엇이든 해낼 거야."

그날 밤, 아람이는 모처럼 편하고 달콤한 잠 속으로 빠져들었다. 머리 위에 놓인 그의 '덕 수첩'에는 까만 점들이 잔뜩 찍혀졌다. 언젠가는 이 수첩들이 눈부시게 하얀 빛으로 빛날 수 있을 것이다.

벤 할아버지의 친구들

우 선비는 시골에서 과거시험을 보러 한양에 왔다가 그만 길을 잘못 들어 대궐까지 들어가게 되었다.

마침 산책을 나왔던 세종대왕이 대궐까지 오게 된 우선비와 마주치게 되었다. 세종대왕은 한눈에 그의 학식을 알아보았다.

"과거시험을 보러 왔다면 아는 것이 많은 터, 이것 좀 가르쳐 주시오. 공부하다 막혀서 그렇소." 세종대왕은 가장 어려운 주역에 대해서 물어 보았다. 그러자 우 선비는 막힘없이 대답했다.

세종대왕은 크게 감탄하며 생각했다. '이 사람이야말로 나라를 위해 꼭 필요하겠구나.'

다음 날, 세종대왕은 우 선비를 집현전에서
일하게 하라는 명령을 내렸다.
대신들은 깜짝 놀라 거세게 반대했다.
"아무리 학식이 높더라도 아직
대과에 급제하지도 않은 자를
어떻게 집현전에서 근무하게 합니까?"
대신들의 말에 세종대왕은 고개를 끄덕였다.

"그럼 그를 교리로 임명하여 집현전 서고를 맡게 하시오."
그러나 그것은 한 단계 더 높은 벼슬이었다.
"안 됩니다."
대신들이 다시 반대했다.
"그럼 그를 집현전
교수로 임명하시오."
세종대왕은 다시 한 단계 높였다.
대신들은 다시 거세게 반대했다.
"그럼 그를 제학으로 임명하시오."

대신들은 결국 항복하고 말았다.
"알겠습니다, 우 선비를 제학으로 임명하겠습니다."
대신들은 나중에 우 선비의 학식을 시험해 보고,
제학에 오를 만한 실력임을 알았다.
그제야 대신들은 세종대왕의 결단력을 인정했다.
"전하께서 그렇게 밀어붙인 이유가 있었군."

> 깊게 생각하고 또 생각하라.
> 그러나 행동할 때가 되면 생각을 멈추고
> 나아가라. - 보나파르트 나폴레옹

나폴레옹은 이탈리아를 점령하기로 결정했다.
그러나 프랑스와 이탈리아 사이에는 높고 험난한
알프스 산맥이 가로놓여 있었다. 먼저 나폴레옹은 몇몇 병사들에게
산길을 미리 둘러보도록 했다. 그러곤 그들이 돌아오자
알프스를 넘는 것이 가능한 것인가 물었다.
"이 많은 병사들을 이끌고는 도저히 올라갈 수가 없습니다."
병사들은 하나같이 말했다.
그런데 그중 한 명이 다음과 같이 대답했다.
"가능합니다만……"
"됐네."
병사의 말이 채 끝나기도 전에
나폴레옹은 손을 들어 그의 말을 막았다.
"더 이상 말하지 말게. 난 이미 결심했네.
지금 바로 알프스를 넘어 이탈리아로 진격하기로."
그러자 참모들이 모두 반대하고 나섰다.
"6만 대군을 이끌고 알프스를 넘는다는 건 불가능한 일입니다."
그러나 나폴레옹은 21마일을 행군하여 결국 알프스를 넘었다.

10 열 번째 덕

침묵의 비밀

수다쟁이 까치에게는 아무도 귀 기울이지 않아.
사자가 들판에서 울부짖는 소리는
모두의 마음을 사로잡지.
남의 작은 잘못을 꾸짖지 말고,
남의 비밀을 들추어내지 마.
입은 마음의 문!
언제나 너와 네 친구에게
도움이 되는 말만을 생각해.
그것이 네 진실한 마음을
친구의 가슴속에 아로새겨 줄 거야.

아람이의 감동적인 발표

 어느 덧 11월 중순이었다. 노란 은행잎과 빨간 단풍잎이 학교 울타리를 예쁘게 수놓았다.

아이들은 낙엽 폭탄을 던지며 즐겁게 놀았다. 그렇게 계절은 서서히 겨울로 접어들고 있었다.

투표함이 열리고, 아람이가 마음을 다잡고 돌아온 지 벌써 2주.

덕이, 찔레, 아람이의 생활은 변함없었다. 열심히 공부하고, 열심히 놀고, 또 열심히 덕을 실천하고.

아이들의 '덕 수첩'에는 여전히 까만 점이 가득했다.

하지만 아이들은 실망하지 않았다. 포기하지 않고 실천

하면 언젠가는 그 점들이 빛나는 하얀 빛이 되어 사라지리라 믿었기 때문이다.

정작 달라지고 있는 건 5학년 4반의 분위기였다.

"난 찌질이삼총사가 이겼으면 좋겠는데."

"그래도 고삼총사가 제일 낫지."

중간 개표 이후 4반의 분위기는 후끈 달아올라 있었다. 두 삼총사의 승부를 놓고 아이들은 두 편으로 갈라지기 시작했다.

찌질이삼총사를 응원하는 아이들이 점점 많아졌다.

5학년 4반 아이들은 찌질이삼총사의 변해 가는 모습에 큰 감동을 느낀 것이었다. 동시에 나도 할 수 있다는 자신감도 생겼다.

찌질이삼총사도 아이들이 자신들을 대하는 태도가 변해 갈 뿐만 아니라, 그들 스스로도 서서히 변해 가는 모습을 묵묵히 지켜보았다.

"왜 우리는 가만히 있는데 다들 난리지?"

찌질이삼총사가 그러는 데는 이유가 있었다.

언제부터인가 세 아이는 어린이상에 대해 큰 매력을 느끼지 못했다. 더 재미있는 일이 있기 때문이었다.

찌질이삼총사에게 진짜 중요하고 흥미로운 일은 하루하루 덕을 실천하며 자신이 발전하는 모습을 보는 일, 바로 그것이었다.

그에 반해 고삼총사는 크게 당황하고 있었다.

"도대체 찌질이들이 인기 있는 이유가 뭐지?"

아무리 생각해도 고삼총사는 이유를 알 수 없었다. 고삼총사는 찌질이삼총사와 비교당하는 현실을 도저히 받아들일 수가 없었다.

며칠 뒤, 5학년 4반에는 이상한 소문이 떠돌기 시작했다.

"지난번 중간고사 때 찌질이삼총사가 좋은 성적을 올린 건 커닝 때문이래. 세 아이가 커닝한 걸 두 눈으로 똑똑히 본 아이들도 있대."

소문은 빠르게 퍼져 나갔다. 처음에는 믿지 않던 아이들도 하나둘씩 고개를 갸우뚱거렸다.

그러더니 마침내는 사실로 믿기 시작했다.
"더 이상은 가만있을 수 없어!"
"이건 우리에 대한 참을 수 없는 모욕이라고!"
찔레가 씩씩거리며 말했다.
"분명히 고삼총사 녀석들이 퍼뜨린 소문일 거야. 우리도 똑같은 방법으로 갚아 주자."
하지만 아람이는 고개를 저었다.
"아냐, 조금 더 신중 하게 생각하는 게

좋겠어. 고삼총사가 한 짓이 아닐지도 모르잖아."

"맞아, 지금은 아무 말도 하지 않는 게 좋아. 그런 방법을 쓰는 건 덕과 어울리지 않아."

덕이도 같은 생각이었다. 찔레도 분한 마음을 가라앉혔다.

덕을 실천하는 동안 그렇게 변한 것이었다. 모든 일을 덕의 거울에 비추어 판단하는 것, 이제 아이들은 저절로 그렇게 생각하고 행동하게 되었다.

그날 오후, 아이들은 음악실로 향했다. 스산한 가을바람이 낙엽을 쓸고 갔다. 아이들의 마음도 날씨처럼 스산했다.

벤 할아버지가 문을 열고 나타난 건 아이들이 음악실에 자리를 잡은 뒤였다.

"어휴, 쌀쌀하네. 이제 정말 겨울이 코앞인걸."

"어딜 다녀오시는 거예요, 할아버지?"

"응, 저기 큰길가에 있는 맹물공원에 다녀왔단다. 그곳엔 노인들이 아주 많이 있더구나. 자식 없는 노인, 갈 곳 없는 노인, 무료 급식을 타러 온 노인. 왜 세상에는 이렇게 가여운 노인이 많은 겐지. 히잉!"

벤 할아버지는 팽하고 코를 풀었다. 콧물이 나는 건지, 눈물이 나는 건지 알 수 없었다. 아이들의 기분은 더욱 울적해졌다.

"오늘은 분위기가 영 말이 아니구나. 너희들은 또 왜 그래?"

아이들은 학교에서 있었던 일을 이야기했다.

"저희는 지금 억울한 누명을 쓰고 있다고요."

"소문을 퍼뜨린 아이들이 누구인지는 짐작하고 있어요. 하지만 모든 게 확실해지기 전까지는 아무 말 하지 않기로 했어요."

"이야, 잘했다, 잘했어!"

벤 할아버지는 뜻밖에도 몹시 기뻐했다.

"이제는 너희 스스로 덕을 찾아내고 실천하게 되었구나."

"예?"

아이들은 벤 할아버지의 칭찬에 어리둥절한 표정을 지었다.

"오늘은 너희들처럼 지혜롭고 멋진 독수리의 이야기를 해 주마."

타우라스라는 독수리 서식지로 유명한 산이 있단다. 이곳에 사는 독수리들은 주로 두루미를 잡아먹고 사는데, 특히 두루미들이 타우라스 산을 넘을 때면 독수리들이 포식하는 날이지. 그런데 독수리의 먹이가 되는 두루미는 따로 있단다. 늙거나 병든 두루미일 거라고? 천만에, 소리를 내는 두루미란다. 독수리들은 두루미들이 내는 소리를 듣고 날아가 낚아채거든. 그래서 지혜로운 두루미들은 돌멩이를 물고 산을 넘는단다. 산을 넘다 보면 자기도 모르게 소리를 낼 수 있잖아. 그래서 산을 다 넘을 때까지 돌멩이를 떨어뜨리지 않기 위해 부리를 꾹 다물고 있단다.

"우아, 신기하다! 두루미들이 소리를 내지 않기 위해 돌을 물다니."
아이들은 소리쳤다.
"두루미도 그러한데 하물며 사람이 쓸데없는 소리로 나도 다치고 상대도 상하게 해서야 되겠니? 그래서 옛날부터 모든 문제의 시작은 입이라고 하지 않았니? 그러니까 좀 억울하고 힘들더라도 앞뒤 가리지 않고 곧장 말로 따져 해결할 생각은 마라. 특히 자신이나 남에게 도움이 되지 않는 말은 하지도 듣지도 마. 때로는 침묵이 사람 사이의 갈등을 치료하는 가장 좋은 약이 된단다. 그게 바로 침묵의 덕이 전해 주는 가르침이란다."

아이들은 고개를 끄덕였다.

"사람들은 내가 말한 열 마디 중 아홉 마디가 맞아도 옳다고 칭찬하지 않는단다. 하지만 한마디 말만 틀려도 원망하는 소리가 하늘을 찌르지. 그래서 우리는 말을 하기 전에는 늘 신중하고, 언제나 필요한 말만 하도록 노력해야 한단다."

"알겠어요, 할아버지. 우리도 지혜로운 두루미처럼 산을 넘는 동안에는 돌멩이를 물고 있을 거예요. 하지만 다 넘고 나면 아닌 것은 아니라고 분명하게 말할래요."

아람이 말에 벤 할아버지가 껄껄 웃었다.

목요일 오후에 학급 회의가 열렸다. 회의의 안건은 '밝고 고운 학급 분위기를 만들기 위해 우리가 할 일'이었다. 아람이가 조용한 분위기를 깨고 손을 들었다.

"제가 의견을 발표하겠습니다."

아이들이 놀라 아람이를 쳐다보았다. 이제까지 아람이가 의견을 발표한 적이 없었기 때문이다.

앞으로 나간 아람이의 얼굴은 붉게 상기되어 있었다.

"여러분도 알고 있겠지만 요즘 우리 반의 분위기는 별로 좋지 않습니다. 자꾸 이상한 소문이 퍼지고 그걸 진짜라고 믿는 친구들이 있기 때문입니다."

아이들의 눈이 반짝 빛났다. 뭔가 싸움이 일어날 것 같은 분위기였다. 하지만 아람이는 차분하게 말을 이어갔다.

"전 이런 소동이 아주 어리석다고 생각합니다. 어떤 친구들은 제가 소문의 주인공이기 때문에 이런 말을 한다고 생각하겠죠. 하지만 그렇지 않아요. 저도 마음만 먹으면 이상한 소문 같은 건 얼마든지 만들어 낼 수 있어요."

순간 고삼총사의 얼굴이 흙빛이 되었다.

"하지만 그건 옳지 않은 일입니다. 아무 잘못 없는 사람을 괴롭게 하고 큰 피해를 미치는 행동이에요. 전 누가 어떤 상을 받는지는 중요하지 않다고 생각해요. 겨우 그런 일 때문에 소문을 만들어 내서 누군가를 공격한다는 건 정말 나쁜 행동이라고 생각해요."

아람이는 잠시 말을 멈추고 아이들을 둘러보았다.

"그러니까 우리 지금부터라도 나와 남에게 도움이 되는 말을 하기 위해 노력해요. 그럼 우리 반 분위기가 두 배는 밝아질 거예요. 그런 분위기 속에서 모두 화목하게 지내면 좋지 않을까요? 그럼 5학년 4반 전체가 어린이상의 주인공이 될 수도 있다고 생각해요."

모두가 어린이상의 주인공이 되길 바란다는 아람이의 말은 아이들의 가슴을 울렸다. 그때 누군가 치기 시작한 박수가 반 전체로 퍼져 나갔다.

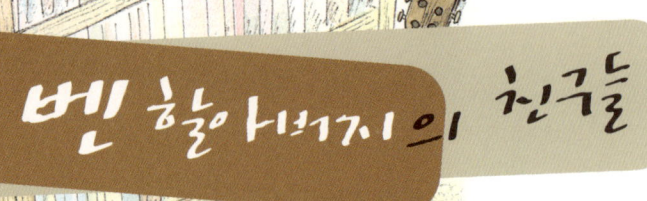
벤 할아버지의 친구들

한 부인이 수도사를 찾아와
하소연을 했다.
"남편의 짜증 때문에 도저히 살 수가
없습니다. 어떡하면 좋겠습니까?"

수도사는 잠시 생각에 잠겼다가
물이 담긴 병을 하나 주었다.
"이건 우리 수도원에서 나오는
신비한 물입니다. 이걸 남편과
다투기 전 한 모금을 머금으십시오.
그러면 남편과의 사이가 좋아질 것입니다."

부인은 물병을 가지고
집으로 돌아갔다.
그날 밤, 늦게 돌아온 남편은
여느 날처럼 짜증을 부리기
시작했다. 부인은 한바탕
잔소리를 하려다가 문득
수도사의 말이 생각나
얼른 물을 한 모금 머금었다.

"왜 내 말이 틀렸어?
아무 말도 안 하는 거야."
남편은 더욱 크게 소리쳤다.
그러나 부인이 계속 **대꾸**를 하지 않자
제풀에 지쳐 그만 스르르 조용해졌다.

그 다음 날도, 또 그 다음 날도
부인은 남편이 짜증을 부릴 때마다
물을 머금었다. 그러자 남편의 **행동**이
서서히 변하기 시작했다. 짜증이
줄어든 것은 물론 부인을 볼 때마다
슬며시 **미소**까지 짓는 것이었다.

부인은 기쁜 마음에
수도사를 찾아가 **감사의 인사**를 했다.
"신비한 물 덕분에 우리 부부 사이는
더없이 좋아졌습니다."

수도사는 빙긋이 웃으며 말했다.
"부부 사이가 좋아진 건
그 물 덕분이 아닙니다. 바로 당신의
침묵 덕분이죠. 그 물은 그저
평범한 우물물이었으니까요."

아는 자는 오히려 말이 없고,
말 많은 자는 아무것도 모르는 자이다.
− 노자(중국의 사상가)

벤자민 프랭클린의 친구 중에는 논쟁을 즐기는 사람이 있었다.

그는 말을 너무나 매끄럽게 잘했고 상대방이 말하는 중에도

꼬투리를 잡고 늘어지는 재주가 있었다.

웬만해서는 말싸움에서 누구에게도 지는 법이 없었다.

하지만 그의 이런 행동은 오히려 나쁜 결과를 가져왔다.

그에게 무시를 당하고 말꼬리를 잡힌 사람들은

나쁜 감정을 가지게 되었다.

그들은 프랭클린의 친구와는 어떠한 일도 같이 하려고 하지 않아

사업하는 동안 그는 큰 어려움을 겪게 되었다.

프랭클린은 말을 할 때는 늘 침묵의 시간을

먼저 가져야 한다고 생각했다. 그 시간 동안

자신이 해야 할 말을 정리하고 필요하지 않은 말들을

걸러 내야 한다는 것이다.

프랭클린에게 말을 잘한다는 것은 말을 많이 한다는 뜻이 아니었다.

그것은 깊이 있는 말을 아껴서 한다는 것을 의미한다.

11 열한 번째 덕

중용의 비밀

차가운 눈보라에 꽃잎은 자취를 감추고
뜨거운 불볕더위에 새들은 날개를 접는다.
명심하렴.
어느 한쪽으로 치우친 행동은
후회로 끝난다는 사실을,
모자라거나 지나친 것은 종이 한 장 차이이며
중간이야말로 진정한 선이란 사실을.
지나친 감정은 이성으로 억제하렴.

찔레와 란미의 주먹다짐

화요일 오후, 맹물공원에 들어서자 벌써 음악소리가 들려왔다. 30~40명의 노인들이 둥그렇게 모여 있었다. 벤 할아버지의 노인 위로 공연이 시작된 것이다.

벤 할아버지가 기타를 치고 다른 할아버지가 노래를 불렀다. 귀에 익은 '당신은 봉숭아'였다.

노래가 무르익자 할아버지 할머니들이 하나둘씩 앞으로 나와 덩실덩실 춤을 추었다. 그 모습이 너무나 흥겨워 보였다. 벤 할아버지가 아이들을 향해 찡긋 윙크를 했다.

"어이, 벤 영감, 덕분에 잘 놀았수."

"아이고, 벤 선생님. 다음에도 또 공연 하실 거죠?"

공연이 끝나자 할아버지 할머니들이 벤 할아버지에게 인사했다.

벤 할아버지도 연방 고개를 끄덕이며 인사를 받았다.

"진즉 이런 공연을 할 걸 그랬지?"

할아버지가 흡족한 표정으로 땀을 훔치며 말했다.

네 사람은 한적한 벤치에 앉아 집에서 가져온 간식을 먹었다. 찐 달걀, 옥수수, 사과, 귤, 따뜻한 유자차 등등. 마치 소풍을 나온 기분이었다. 초겨울이지만 날씨는 맑았다. 몽실몽실 하얀 구름, 즐겁게 지저귀는 작은 새들…….

"참 아름다운 모습이지. 이 풍경처럼 사람 사는 것도 아름다워야 할 텐데."

벤 할아버지가 하늘을 바라보다가 불쑥 말했다.

"덕을 익히는 것도 마찬가지란다. 덕은 혼자만 잘 살자고 배우는 게 아니거든. 덕을 실천하는 사람이 많아질수록 세상은 더욱 아름답게 변하겠지. 그러니까 너희들도 이제껏 익힌 덕을 친구들에게 많이 나눠 주도록 하렴."

"예!"

아이들은 씩씩하게 대답했다.

그런 그들을 주목나무 뒤에서 엿듣고 있는 검은 그림자

가 있었다. 잠시 후, 검은 그림자는 도둑고양이처럼 살금살금 멀어져 갔다.

다음날, 찔레는 민아와 운동장을 거닐었다. 그동안 찔레는 마음씨 고운 민아와 단짝이 되어 있었다.

화단 곁에서 란미와 몇몇 여자 아이들이 이야기를 나누는 모습이 보였다. 찔레와 민아는 화단 쪽으로 발걸음을 옮겼다. 그러나 이야기에 정신이 팔린 아이들은 두 사람이 다가가는 것도 눈치 채지 못했다.

"야, 너희들 그거 알아? 찌질이삼총사가 비밀 거지 과외 하고 있다는 거."

란미가 크게 떠들었다.

"비밀 거지 과외?"

"그렇다니까. 맹물공원에 갔다가 다 봤단 말이야."

"맹물공원에서 왜 비밀과외를 하니?"

"거지한테 받는 과외니까 그렇지. 비밀 거지 과외."

란미가 까르르 웃음을 터뜨렸다. 순간 찔레는 머리 꼭대기까지 화가 치밀었다.

"야, 이란미, 그 말 취소해!"

아이들이 화들짝 놀라 찔레를 돌아보았다. 란미도 당황

한 표정이었다. 그러나 곧 아무렇지도 않은 듯 말했다.
"왜 취소를 해? 내가 벤치 뒤에서 다 들었는데. 너희들 그 할아버지하고 보통 사이가 아니던데. 흥, 옷차림이 그게 뭐람. 서커스단의 피에로도 아니고……."
순간 찔레는 번개처럼 란미에게 달려들었다.
"할아버지를 함부로 모욕하는 건 참을 수 없어!"
두 아이는 한데 엉켜 운동장을 뒹굴기 시작했다. 엎치락뒤치락, 운동장에 먼지구름이 피어올랐다.

"에구, 얼굴이 이게 뭐냐?"
벤 할아버지가 혀를 차며 약을 발라 주었다. 찔레의 눈가에 시뻘건 멍이 들어 있었다.
"란미 얼굴도 도화지가 됐는걸요. 울긋불긋……."
찔레가 깔깔 웃었다. 그러자 할아버지는 엄한 목소리로 말했다.
"내가 어제 했던 이야기는 다 잊어버렸니. 이렇게 싸우는 일이 덕을 나눠 주는 일이냐?"
"전 할아버지를 위해서 그런 거였단 말예요."
찔레가 억울한 듯 말했다.

"이제부터 내가 하는 말 잘 들어라. 그럼 네가 뭘 잘못했는지 알게 될 테니."

옛날 중국의 요임금에게는 9남 2녀의 자식들이 있었단다. 하지만 요임금은 왕위를 자식들에게 물려주지 않고 백성과 신하들에게 존경받고 있던 순이란 사람에게 물려주었단다. 왕위를 물려주면서 요임금은 순임금에게 '진실로 중간을 잡으라.'고 충고했단다. 나라를 다스릴 때 이쪽으로도 치우치지 말고 저쪽으로도 치우치지 말라는 뜻이었지. 중국에서 가장 어진 요임금, 순임금, 우임금 3대에 걸친 정치철학이었단다.

"왜 꼭 중간을 잡아야 하는데요?"
덕이가 이해할 수 없다는 듯 물었다.
"임금은 만백성의 어버이거든. 누구 한 사람만을 위해 있는 사람이 아니고. 그런데 찔레는 이 할아버지를 위한 답시고 친구를 때렸으니 '중용의 덕'에서 벗어나지 않았느냐?"

"중용의 덕이요?"

세 아이가 동시에 물었다.

"그래, 중용의 덕이란 충동, 감정 등을 억제하여 한쪽으로 치우치지 않으려는 것을 말한단다. 너무 화나거나, 너무 기쁘거나, 너무 슬프거나, 너무 즐겁거나 하는 것들은 우리 감정을 날카롭게 하거든."

"그럼 만날 미적지근한 상태로 있으라고요?"

덕이가 물었다.

"중용은 그게 아냐. 미적지근한 상태도 아니고 그냥 중간도 아니란다. 무모와 비겁의 중용은 용기고, 낭비와 인색의 중용은 절약이고, 과욕과 무욕의 중용은 절제란다."

"그럼 제가 화를 못 참고 란미에게 덤벼든 것은 용기가 아니고 무모였네요."

"그래, 그럴 때는 이성으로 잘 다스려야 한다는 말이지."

찔레는 그제야 잘못을 깨닫고 머쓱해졌다.

며칠 뒤, 사회 시간에 '우리 생활과 언론'에 관해 공부하게 되었다. 아이들은 자연스레 '칭찬합시다'라는 텔레비전 프로그램을 화제에 올렸다. 수업시간은 곧 '칭찬합시다 시간'이 되고 말았다.

한바탕 칭찬 릴레이가 지나간 뒤 찔레는 조용히 손을 들었다. 그러고는 수줍게 입을 열었다.

"……저는 란미를 칭찬합니다."

아이들은 깜짝 놀랐다. 며칠 전 있었던 찔레와 란미의 싸움을 모두 알고 있었기 때문이었다. 그러나 가장 놀란 건 란미였다.

"먼저 이 자리를 빌어 란미에게 사과합니다. 화를 참지 못하는 바람에 부끄러운 일을 저지르고 말았습니다."

찔레는 란미에게 사과한 뒤 다시 말을 이어갔다.

"란미는 예쁩니다. 성격도 좋아서 모든 친구들과 잘 어울립니다. 그래서 제가 좀 화가 났는지도 모르겠습니다. 저는 란미에게 많은 것을 배우고 있습니다. 그중에서도 제일 큰 건 란미의 노력하는 자세입니다."

란미는 얼굴을 붉힌 채 어쩔 줄 몰라 했다. 발표를 끝내고 찔레가 자리에 앉자 덕이가 장난스럽게 속삭였다.

"와, 대단한 용긴데! 하지만 중용에서 살짝 벗어난 아부성 발언 같기도 했어."

찔레는 주먹을 들어 때리려는 시늉을 했다.

빈 할아버지의 친구들

부처님의 제자 중
소오나라는 제자가 있었다.

소오나는 영축산에서 쉬지 않고 수행하다가
문득 이런 생각이 들었다.
'나는 남들보다 열심히 수행했지만
아직도 깨달음을 얻지 못했어.
이럴 바에는 차라리 집에 돌아가서
보시하며 수행하는 게
낫지 않을까?'

부처님은 소오나의 마음을 아시고
그를 불러 말했다.
"소오나야, 너는 집에 있을 때
거문고를 잘 탔다고 했지?"
"네, 그렇습니다."
소오나가 대답하자 부처님이 다시 물었다.

"거문고를 탈 때 줄을 팽팽하게
조이면 소리가 어떻더냐?"
"잘 나지 않습니다."

"그럼 느슨하게 하면 어떻더냐?"
"그때도 잘 나지 않습니다.
줄은 너무 느슨하게도
너무 팽팽하게도 조이지도
않아야 합니다. 알맞게 조여야
맑고 고운 소리가 납니다."

부처님은 고개를 끄덕이며 말했다.
"수행도 그와 같단다.
너무 급하게 하면 들뜨게 되고
너무 느리게 하면 게으르게 된단다.
그러므로 알맞게 조절하면서
하도록 해라."

그때부터 소오나는
거문고 줄을 조이듯
자신을 적당히 조이며 수행했다.
그리하여 마침내 깨달음을 얻었다.

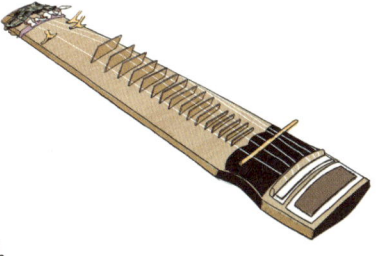

열한 번째 덕 * 중용의 비밀

인생에서 가장 중요한 것은 실패했다고 낙심하지 않고, 성공했다고 기쁨에 도취되지 않는 것이다. —도스토예프스키(러시아 소설가)

중국 삼국시대에 양수라는 사람이 있었다.
어느 날, 조조가 집 짓는 것을 둘러보고 문에 '활(活)'이란 글자를 써 놓고 갔다. 사람들은 무슨 뜻인지 몰라 어리둥절하고 있는데, 양수는 대뜸 이렇게 말했다.
"문(門)에 활(活)자를 썼으니 넓을 활(闊)이 아니겠소. 즉, 문이 너무 넓으니 줄이라는 뜻이지요."
또 조조가 과자 상자에 '합(合)'자를 써 놓고 갔을 때였다.
이때에도 양수가 "합(合)자는 사람 인(人), 한 일(一), 입 구(口)자로 되어 있으니 사람마다 한 입씩 나눠 먹으라는 뜻이지요."라고 했다.
또 한중 땅을 놓고 유비와 싸우던 조조가 갑자기 참모들에게 '계륵'이란 암호를 내렸다. 이때에도 양수는 재빨리 철군 준비를 하며 참모들에게 "계륵이란 닭의 갈비라는 뜻으로, 버리자니 아깝고 먹자니 먹을 게 없다는 말이오. 이 한중 땅이 바로 그런 곳으로 결국 버릴 수밖에 없으니 철군하겠다는 뜻이지요."라고 말했다.
과연 조조는 다음날 철군 명령을 내렸고, 미리 준비하고 있던 양수의 군은 제일 먼저 출발했다. 조조는 양수가 지나치게 똑똑한 것이 두려웠다. 만약 배신하면 큰일이기 때문이었다.
결국 양수는 누명을 쓰고 죽음을 당했는데 그것은 똑똑하기만 했지 중용의 덕은 모른 탓이었다.

12 열두 번째 덕

정의의 비밀

훌륭한 사람은 약한 사람을 짓밟지 않고
강한 사람에게 굽실거리지도 않아.
작은 이익을 위해 웃음을 팔지 않고
남의 이익을 가로채지도 않지.
늘 정정당당하게! 그리고 정의롭게!
정의의 덕이 너를
빛나는 사람으로 만들어 줄 거야.

운명의 개표날

드디어 운명의 날이 내일로 다가왔다. 14주에 걸친 투표가 끝나고 기다리던 어린이상의 주인공이 결정되는 날이기 때문이다. 5학년 4반은 긴장감과 설렘으로 가득했다. 덕이 찔레 아람이도 흥분에 휩싸이는 건 어쩔 수 없었다.

지난 9월 초. 멋모르고 고삼총사와의 대결을 선언했던 찌질이삼총사의 생활은 몰라보게 달라졌다. 덕을 익히고 실천하는 생활은 아이들의 삶을 송두리째 바꿔 놓았다. 아이들은 자신과의 싸움에서 승리를 얻었다. 어쩌면 그 결실이 내일 맺어질 수도 있었다.

수업이 끝나고 세 아이는 함께 학교 정문을 나섰다.

"흥분된다. 그치?"

"아니."

"에이, 거짓말."

"우리는 최선을 다했잖아. 상을 받고 못 받고는 이제 우리 손을 떠난 거야."

"그래도 떡볶이는 신경 쓰이는걸. 만약 지게 되면 어떡하지?"

"용돈 아껴야지 뭐."

아이들은 깔깔대며 웃었다. 그때 덕이가 갑자기 생각난 듯 소리쳤다.

"아차, 내 문제집!"

학원에서 쓰는 문제집을 교실에 두고 온 것이었다. 덕이는 아이들과 헤어져 학교 건물로 달려갔다.

건물 안은 텅 비어 있었다. 겨울의 차가운 공기가 복도를 스치자 코끝이 시렸다. 얼마 전에 봤던 공포영화가 생각났다. 여고에서 일어난 귀신 사건. 꼭 무서운 사건은 이렇게 조용한 복도에서 벌어졌다.

덕이는 살금살금 복도를 질러갔다. 그때 어두컴컴한

교실에 그림자가 어른거리고 있었다. 덕이는 얼른 몸을 낮춰 안쪽을 살폈다. 쿵쾅쿵쾅 심장소리가 들렸다.

교실 안에 재민이와 현동이가 있었다.

'저기서 뭘 하고 있는 거지?'

재민이와 현동이 사이에는 네모난 물건이 놓여 있었다. 덕이의 심장이 덜컥 멎었다. 투표함이었다. 재민이의 손에 선생님의 열쇠 꾸러미가 들려 있었다. 두 아이는 조심스레 투표함을 열다가 고개를 들어 창문 밖을 살폈다.

덕이는 재빨리 몸을 낮췄다. 다시 고개를 들었을 때는 두 아이 손에 투표용지가 쥐어 있었다. 멀리서 발자국 소리가 들려왔다. 덕이는 재빨리 복도를 빠져나왔다.

교문 밖까지 뛰어나온 덕이는 먼저 휴 하고 한숨을 쉬었다.

'이 일을 어떻게 한담?'

찔레와 아람이가 떠올랐다. 찔레는 피아노 학원, 아람이는 영어 학원에 있을 시간이었다. 덕이는 있는 힘을 다해 학원 쪽으로 달려갔다.

"어떻게 그런 일이……."

아람이와 찔레도 하얗게 질렸다.

"이건 누가 상을 받고말고의 문제가 아니야. 범죄행위라고!"

찔레가 숨을 몰아쉬며 말했다.

"어떻게 해야 하지. 선생님한테 말씀드려야 하나?"

덕이는 멍한 표정으로 말했다.

"아냐, 좀 더 생각해 보자. 뭔가 좋은 방법이 있을 거야."

아람이가 침착하게 말했다. 하지만 아이들의 머릿속은 하얀 재처럼 변해 있었다. 그때 덕이가 벤 할아버지를 생각해 냈다.

"벤 할아버지라면 좋은 방법을 알려 주실 거야."

"할아버지! 할아버지!"

아이들은 음악실 문을 박차고 들어갔다. 그러나 음악실에는 아무도 없었다.

"하필이면 이럴 때 안 계시다니."

찔레가 원망 섞인 목소리로 말했다.

"그런데 좀 이상해. 마치 빈집 같아."

덕이 말에 아이들은 음악실을 둘러보았다. 잘 정돈돼

있는 물건들, 깨끗하게 청소된 바닥은 여느 때와 다름없었다. 그러나 공기가 달랐다. 따뜻한 기운이 전혀 느껴지지 않았다.

아이들은 커튼을 젖혀 보았다. 커튼 뒤에 얌전히 놓여 있던 할아버지의 검은 가죽가방이 없었다.

"가셨나 봐."

찔레가 소파에 털썩 주저앉았다.

"겨울이 오면 떠나겠다고 하셨지. 지금이 겨울이잖아."

아람이가 침울한 얼굴로 말했다.

"그렇다고 어떻게 인사 한마디 없이 가실 수 있지?"

그때였다.

"이게 뭐지?"

덕이가 소파의 팔걸이에 붙어 있는 작은 메모지를 발견했다. 메모지에는 비뚤비뚤한 글씨로 이렇게 적혀 있었다.

> 텔레비전을 틀어 볼 것

아람이가 리모컨을 눌렀다. 텔레비전 화면이 서서히 밝아졌다. 아이들은 호기심 가득한 눈길로 텔레비전 화면을 보았다.

텔레비전 화면에는 자연 풍경만 가득했다. 카메라는 마치 새가 하늘을 날아다니며 세상을 보듯 빠르게 흘러갔다.

구름을 통과하자 파란 하늘이 끝없이 펼쳐졌다. 하늘을 달려가던 카메라가 갑자기 각도를 바꾸어 아래쪽을 향해 무서운 속도로 내려갔다. 마치 먹이를 향해 날아가는 매처럼.

이윽고 검푸른 호수가 보였다. 호수는 점점 코앞으로 다가왔다. 검푸른 물결의 주름들이 눈에 박히듯 가까워졌다. 순간 아이들이 아악, 비명을 지르며 깊은 물속에 빠지고 말았다.

사방에 물방울이 부글거렸다. 바닥까지 내려갔던 아이들의 몸은 서서히 위쪽으로 떠올랐다. 신기했다. 물속에 있는데도 전혀 숨이 가쁘지 않았다. 마치 튜

브에 몸을 맡기고 있는 듯한 느낌이었다.

　하지만 그런 편안함은 금방 사라졌다. 갑자기 가슴이 휑하니 비더니 외로움이 깃들었다. 울음을 터뜨리고 싶을 정도로 지독한 외로움이었다. 누군가 손을 내밀어 주었으면 좋겠다는 간절한 마음이 들었다. 하지만 아무도 없었다. 아이들은 절망감을 느꼈다.

　그러는 동안에 아이들의 몸은 점점 위쪽으로 떠올랐다. 빛이 한층 더 강해지고 있었다. 빛의 강도만큼 외로움이 사라져 갔다. 대신 표현하기 힘든 고통이 밀려들었다.

　"아아아아~!"

　아이들은 비명을 질렀다. 그때 수많은 구슬이 나타났다. 부글거리는 물거품이 붉은 구슬로 변했다. 아이들은 구슬을 손에 쥐었다. 순간 아이들은 물 바깥으로 튀어나왔다.

　아이들은 이제 하늘을 날고 있었다. 더 이상 외로움이나 고통 같은 건 없었다. 자유스러움과 행복감이 아이들의 온몸 구석구석까지 밀려들었다. 눈앞은 온통 빛으로 가득했다.

평화가 가득한 기분이었다. 더 이상 다툼도 없고, 미움도 없고, 불안이나 가슴 졸임도 없었다. 그저 어디든 가고 싶은 곳으로 갈 수 있고, 하고 싶은 것은 마음대로 할 수 있을 것 같은 자유가 느껴졌다. 아이들의 마음은 한없이 평온해졌다.

텔레비전 화면이 스르르 꺼졌다. 아이들도 서서히 현실로 되돌아왔다.
화면 속에서 느꼈던 평온함과 자신감이 아이들 가슴 속에 여전히 느껴졌다.

"우리가 대체 뭘 하고 있었던 거지?"

찔레가 구슬을 쥐고 있던 손을 내려다보며 말했다.

"이건 분명 할아버지가 우리에게 전해 주신 가르침 중의 하나일 거야."

아람이가 대답했다.

"그게 뭘까?"

"우리는 이제 더 이상 어린애가 아니라는 거지. 우리 힘으로 부딪쳐 보는 거야."

덕이가 담담한 목소리로 대답했다.

다음날 아침, 방학식이자 어린이상 수상자가 결정되는 순간이었다. 5학년 4반 아이들은 너나없이 설렘과 흥분으로 가득한 얼굴이었다.

찌질이삼총사의 표정은 어두웠다. 고삼총사 중 하나가 수상자가 되면 어떻게 할 것인가, 아이들은 어제 오랜 시간 토론했다. 그러나 아무런 결론도 내리지 못했다.

마침내 교실 문이 열리고 선생님이 모습을 나타냈다. 삼삼오오 모여서 이야기꽃을 피우던 아이들은 재빨리 자리로 돌아갔다. 그런데 재민이와 현동이가 죄인처럼

고개를 수그린 채 선생님 뒤에 서 있었다.

"모두가 오늘을 기다렸을 줄 알아요. 하지만 아주 슬픈 소식을 들려줘야겠어요."

선생님이 가라앉은 목소리로 말했다.

"사실은 어제 수업이 끝나고 한 가지 사건이 있었어요. 재민이와 현동이가 선생님이 교실에 두고 간 열쇠로 투표함을 열어 보았던 거예요. 그러다가 선생님한테 걸리고 말았어요."

교실은 순간 찬물을 끼얹은 듯했다. 선생님은 갈라진 목소리로 말을 이었다.

"자, 이제 우리는 아주 중요한 결정을 내려야 해요. 규칙은 깨졌고, 어린이상은 아무 의미가 없어졌는지 몰라요. 재민이와 현동이는 바꿔치기한 표는 없다고 말했어요. 그걸 믿고 안 믿고는 여러분의 자유가 됐어요. 이제 어떻게 해야 할까요?"

교실은 다시 한 번 침묵에 휩싸였다.

"사과해……."

한참 뒤, 누군가 작은 소리로 말했다. 그러자 다른 아이들도 따라 하기 시작했다.

"사과해!"

"사과해!"

재민이와 현동이는 고개를 푹 숙인 채 들릴 듯 말 듯 말했다.

"여러분, 미안합니다. 용서해 주세요."

"혹시 우리들 표가 별로 안 나왔으면 어쩌나 호기심이 생겨서 그랬어요."

두 아이는 겁에 질린 작은 생쥐처럼 보였다. 잘난 체만 하던 아이들의 그런 모습은 몹시 충격적이었다. 란미도 얼굴이 빨개진 채 고개를 들지 못했다.

선생님은 뒤돌아서서 칠판 위에 아이들의 이름과 표 수를 적었다.

박재민 : 69표

김현동 : 35표

이란미 : 39표

윤덕 : 66표

고짤레 : 43표

정아람 : 41표

개표 결과에 아이들은 탄성을 질렀다. 덕이가 재민이에게 3표를 졌을 뿐, 나머지는 모두 찌질이삼총사가 고삼총사를 눌렀기 때문이다.

아이들의 의견은 둘로 나뉘었다.

"어차피 이렇게 된 거 투표 결과를 무효로 해야 해요."

"재민이와 현동이의 표는 취소하고 덕이에게 상을 줘야 해요."

그러자 묵묵히 앉아 있던 덕이가 한참 만에 손을 들고 일어섰다.

"재민이와 현동이가 큰 잘못을 저지른 건 맞습니다. 하지만 두 친구는 호기심 때문에 투표함을 열어 본 것이지, 투표 결과를 바꾸려 했던 것은 아닙니다. 어제 오후 제가 그 장면을 봤기 때문에 자신 있게 말할 수 있습니다."

덕이의 말은 더욱 큰 충격이었다. 재민이와 현동이는 벌어진 입을 다물지 못했다.

"재민이와 현동이는 표를 세었지만 다른 짓은 하지 않았어요. 제가 창문 곁을 떠날 때까지 그런 일은 없었습니다. 그 뒤에는 선생님이 오셨고요."

재민이와 현동이는 마치 구세주를 만난 표정이었다.
"비록 잘못을 했지만 2학기 동안 재민이와 현동이가 쏟아 온 노력을 잊어버려선 안 됩니다. 우리가 두 친구의 잘못을 용서할 수 있다면 투표 결과도 받아들이면 됩니다. 우리 반 친구들이 두 사람을 용서하지 못할 만큼 좁은 마음을 가졌다고는 생각하지 않습니다."
아이들은 조용히 덕이의 말을 들었다. 몇몇 아이들은 훌쩍거리기도 했다.
"이제 그만 재민이와 현동이를 용서하고 화목한 5학년 4반으로 돌아가는 게 어떨까요? 그냥 우리 모두 2학기 내내 열심히 생활해 온 두 친구를 인정하자고요."
누군가 박수를 치기 시작했다. 그 박수소리는 곧 우레처럼 교실을 들썩이게 했다.

방학식이 끝나자 덕이, 찔레, 아람이는 운동장으로 나갔다. 아람이가 환한 웃음을 지으며 덕이의 어깨를 두드렸다.
"멋졌어, 윤덕."
"정말이야. 네가 그렇게 멋진 녀석인 줄 처음 알았는걸."

덕이의 얼굴이 붉게 물들었다.

"벤 할아버지에게 오늘 일을 들려 드릴 수 있다면 얼마나 좋을까."

찔레가 쓸쓸한 목소리로 말했다. 덕이는 확신에 찬 목소리로 말했다.

"이미 알고 계실 거야."

"그럴까?"

"그리고 난 할아버지가 우리에게 가르쳐 주려 하셨던 덕 한 가지를 알아냈어."

찔레와 아람이는 호기심어린 눈빛으로 덕이를 보았다.

"그게 뭐야?"

"정의."

"하하, 정의는 승리한다는 거?"

아람이가 깔깔 웃으며 말했다. 찔레가 눈을 흘겼다.

"승리는 무슨 승리. 우리는 이제 1년 내내 떡볶이 값에 시달리게 생겼는데."

덕이는 미소를 지었다.

"아니, 내가 생각하는 정의의 덕은 그게 아니야."

"그럼 뭔데?"

"남에게 피해를 주거나 나쁜 방법으로 다른 사람에게 돌아갈 이익을 가로채지 말라는 거."

"……!"

"이번 기회를 통해 재민이와 내가 똑같이 알게 된 가르침이지."

덕이는 파란 겨울 하늘을 바라보았다. 솜사탕처럼 둥글둥글한 구름이 부드럽게 하늘을 수놓고 있었다. 찔레와 아람이가 덕이 옆에서 함께 하늘을 바라봤다. 세 아이의 모습은 마치 그림 속의 멋진 풍경처럼 보였다.

벤 할아버지의 친구들

영국의 윈스턴 처칠(1874~1965) 수상이
급하게 국회로 갈 때였다.
길은 막히고 회의 시간은 늦고
처칠은 마음이 조급해서 계속 운전사를 재촉했다.
"좀 더 빨리 달릴 수 없겠나?"
"지금 최선을 다하고 있습니다."

그러다 그만 운전사는
과속을 하고 말았다.
순간 교통경찰이 쫓아와
차를 정지시키곤 딱지를 떼려 했다.

"지금 이 차에는 수상께서 타고
계시네. 회의가 급해서 그런 것이니
어서 보내 주게!"
운전사 말에 교통경찰은
처칠을 흘끗 쳐다 보았다.

"이 나라의 법을 책임지고 있는 수상께서
교통신호를 어겼을 리 없습니다. 설사 수상께서 타고 있다고
해도 교통신호를 위반했으면 딱지를 떼야지요."
그러면서 기어이 딱지를 떼는 것이었다.
처칠은 빙긋이 웃었다. 저런 정의로운 경찰관 덕분에 영국의
민주주의가 지켜지는 것이라고 생각했기 때문이다.

회의가 끝나자마자
처칠은 런던 경시청장에게
전화를 걸었다.
"오늘 이러저러한 일이 있었으니
그 교통경찰을 한 계급
특진시켜 주게나."

그러자 경시청장이 분명하게 말했다.
"런던 경시청의 법에는
교통법규를 위반하는 사람에게 딱지를 뗀 교통경찰을
특진시켜 주라는 조항은 없습니다."
그날 처칠은 경찰들에게 두 번이나 망신을 당했지만
괘씸하기보다는 흐뭇했다.

> 마음을 비워 두면 정의와 진리가 와서 산다. 그것들로 마음을 채워 두면 헛된 욕심이 들어오지 못한다. -채근담(중국 명나라 홍자성이 지은 어록집)

어린 시절 프랭클린이 살던 마을에는 늪이 있었다.

프랭클린과 친구들은 그곳에서 낚시를 했다. 하지만 여러 사람이 자꾸 밟아 대는 바람에 낚시터는 진흙탕이 되는 경우가 많았다. 프랭클린은 땅이 질퍽거리지 않게 작은 언덕을 만들자고 친구들에게 말했다.

마침 늪 근처에는 집을 지으려고 쌓아 둔 커다란 돌들이 있었다.

프랭클린과 친구들은 인부들이 집에 돌아간 틈을 타 밤새도록 돌을 날랐다. 새벽이 되자 낚시터에는 돌로 만든 훌륭한 언덕이 만들어졌다.

하지만 일터로 나온 인부들은 깜짝 놀랐다.

이리저리 헤매던 인부들은 늪지의 낚시터에서 돌들을 발견했다.

프랭클린은 아버지에게 호된 벌을 받아야 했다.

"그건 저를 위해서가 아니라 아이들 모두를 위해서 한 일이에요."

프랭클린은 벌을 받으면서도 그렇게 주장했다. 하지만 아버지의 생각은 달랐다.

"정당한 방법을 쓰지 않는다면 다른 사람에게 도움이 될 수 없다."

프랭클린은 이때 얻은 교훈을 평생 간직했다.

프랭클린은 늘 이렇게 말했다.

"남 앞에 드러났을 때 부끄러운 일이라면 하지 말자."

"정의가 없는 용기는 나약하다."

이렇듯 그는 정의를 통해 세상을 바라보고, 그것을 통해 행동을 결정했다.

13 열세 번째 덕

겸손의 비밀

작은 성공 뒤에는 훨씬 더 큰 고통이 밀려오지.
그 고통을 넘어서야 더 큰 성공의 길로
나갈 수 있단다.
작은 성공으로 우쭐대는 사람에게는
더 나은 미래는 찾아오지 않아.
더욱 자신을 낮춰 뼈를 깎듯 노력하지 않으면
고통의 파도를 넘을 수 없기 때문이야.
그래, 겸손이야!
그것이 우리를 더 높은 곳으로 이끌어 준단다.

새롭게 시작된 우정

공원은 조용했다. 이따금씩 겨울바람이 벌거벗은 나무들을 흔들었다. 그때마다 햇살 아래 졸고 있던 나무들은 잠에서 깨어나 날카로운 소리를 질러댔다. 놀란 새들이 푸드득 날아올랐다.

화장실 앞 공터에도 날카로운 긴장감이 흐르고 있었다.

세 명의 아이들과 또 다른 세 명의 아이들. 찌질이삼총사 대 고삼총사. 여섯 아이들은 마치 결투라도 벌이려는 듯 서로를 쏘아보았다.

마침내 아이들은 누가 먼저인지 모르게 발걸음을 내딛었다. 한 발, 두 발, 세 발……. 아이들은 얼굴이 맞닿을 정도로 가까운 거리에 섰다.

"왜 불러낸 거야?"

덕이가 으르렁거리듯 물었다. 고삼총사는 아무 대답도 하지 않았다.

"할 말 없으면 간다. 우린 바쁜 몸이거든."

아람이가 무섭게 인상을 쓰고 한쪽 다리를 건들거리며 말했다.

찔레는 웃음을 참기 위해 아랫입술을 꼭 깨물었다.

"큭큭……. 푸하하……!"

그러나 결국 배꼽을 잡으며 웃음을 터뜨렸다. 덕이의 얼굴도 서서히 일그러지기 시작했다. 재민이도 웃음을 터뜨렸다. 란미의 입에서는 침이 튀었다. 현동이가 배를 잡고 굴렀다. 여섯 아이가 터뜨리는 웃음이 공원의 정적을 한꺼번에 날려 버렸다. 새들이 날았다.

재민이가 손을 내밀었다.

"미안해, 사과하려고 너희를 불렀어."

덕이가 재민이의 손을 굳게 잡았다.

"너희가 미안할 게 뭐가 있어. 오히려 그동안 너희를 미워한 우리가 미안하지."

나머지 아이들도 서로의 손을 꼭 잡았다. 란미가 찔레에게 말했다.

"네가 사과했는데도 받아 주지 못해서 미안해."

"괜찮아, 네 얼굴을 보고 짐작했어. 우리는 친구가 될 수 있다고 말이야."

찔레가 환하게 웃어 보였다.

"에구, 이 자식!"

현동이는 귀여워 견딜 수 없다는 듯 아람이를 와락 껴안았다. 그러나 아람이는 만만치 않았다.

"떡볶이는?"

"흐흐, 떡볶이가 먹고 싶으면 언제든지 얘기해. 용돈 아껴서 얼마든지 사 줄 테니까."

현동이 말에 아이들은 다시 한 번 까르르 웃음을 터뜨렸다.

"이제 우리 싸우지 말고 친하게 지내자. 너희들을 보며 정말 대단하다고 생각했어. 너희들이 이렇게 멋진 애들일 줄은 미처 생각하지 못했거든. 특히 아람이. 민아가 너더러 멋진 애라는 말 꼭 전해 달라고 하더라."

"미, 민아가 내가 머, 멋지다고!"

란미의 말에 아람이는 흥분했다. 그 모습을 보고 아이들은 눈을 찡긋거렸다.

"그동안 정말 많은 걸 배웠어. 내 마음을 조금만 비워 두면 얼마든지 너희들의 마음을 받아들일 수 있다는 거. 친구의 마음이 들어와 나와 하나가 될 수 있다는 걸 말이야. 그걸 왜 몰랐을까. 아무튼 우리 친하게 지내기로 해. 6학년이 되어 다른 반이 돼도 꼭 친하게 지내자. 알았지?"

덕이 말에 아이들은 모두 고개를 끄덕였다. 아이들의 밝은 웃음소리가 겨울 하늘에 울려 퍼졌다. 새들이 하늘 높이 날아올랐다.

세 아이들은 밝은 마음으로 음악실로 향했다. 할아버지는 가고 없지만 이제 그곳은 아이들 마음의 고향이 되었다.

음악실에는 뜻밖의 선물이 기다리고 있었다. 언제 다녀 갔는지 벤 할아버지가 남겨 놓고 간 편지가 놓여 있었던 것이다. 아이들은 두근거리는 마음으로 편지지를 펼쳤다.

안녕, 얘들아.

아무 말도 없이 사라진 일 때문에 화가 난 건 아니니?

하지만 이렇게 생각해 보자꾸나. 더 특별한 이별이 더 기억에 오래 남는다고 말이야.

어때, 그럴 듯하지 않니? 너희들과의 만남 못지않게 헤어짐도 특별한 것으로 만들고 싶었다고 하면 변명이 될까.

투표의 결과는 어떻게 됐을까.

웃고 있을까, 아니면 울고 있을까?

아마도 웃고 있겠지. 너희들 상대는 바로 너희 자신이란 말

기억하지? 너희는 바로 그 싸움에서 아주 훌륭하게 승리했단다. 그러니 상을 받지 못해도 너희는 승리자이고, 상을 받아도 승리자인 거야. 그러니 웃지 못할 이유가 있겠니?

내가 너희들과 처음 만났을 때는 모두들 몹시 화가 난 모습이었어. 고삼총사나 그 밖의 아이들이 너희를 무시하고 조롱했기 때문이었지. 하지만 그것만이 아니었단다.

너희는 그때 무엇엔가 몹시 쫓기는 것만 같았어. 미래를 위한 방향도 없었고, 또 어려움을 이겨 나갈 의지력도 없었기 때문이지.

그러나 지금은 그렇지 않아. 너희는 지금 누구보다 성실하고 아름다운 덕성을 가진 아이들이 됐단다.

이제 너희는 스스로에 대해 강한 자신감을 가져도 돼. 지금 그 마음을 간직한다면 너희는 언제까지나 꿈을 이루는 길로 달려갈 수 있을 거야.

이제 너희가 새롭게 가져야 할 것은 바로 겸손의 덕이란다. 작은 성공에 우쭐대지 않고 늘 자신의 부족함을 되새기는 것. 그래, 겸손이야말로 앞으로 너희를 더 높은 곳까지 이끌어 주는 커다란 힘이 될 거야. 또 그것이 바로 내가 너희에게 가르쳐 주려던 마지막 덕목이기도 하단다. 이야기 하나를 들려줄게.

디오게네스는 그리스의 뛰어난 철학자였단다. 그는 사람들이 욕심을 버리고 사치와 향락을 버릴 때 행복해질 수 있다고 얘기한 사람이지. 그래서 그는 집도 없이 빈 통 속에서 살았단다.

어느 날 유명한 알렉산드로스 대왕이 그를 찾아와 물었지.

"지혜로운 당신에게 한 가지 묻고 싶습니다. 대체 신이란 무엇이오?"

참 어려운 질문이었어. 얼굴도 모르고, 있는지 없는지조차 모르는 신의 정체를 묻다니 말이야. 한참을 생각하던 디오게네스는 말했지.

"나한테 사흘만 시간을 주시오. 그때 대답해 드리겠소."

약속했던 사흘이 지났지. 하지만 디오게네스는 아무 대답도 준비하지 못했어.

나흘이 지나고 닷새가 지나도 역시 마찬가지였지. 마침내 열흘이 지나자 알렉산드로스 대왕은 몹시 화가 낮단다.

"모르겠으면 모르겠다고 말할 일이지 시간만 끄는 이유가 무엇이오?"

그러자 디오게네스는 이렇게 대답했지.

"처음에는 내가 답을 안다고 생각했소. 하지만 머릿속으로 생각을 정리하면 정리할수록 내가 신에 대해 알고 있는 것이 없다는 생각이 들었소. 그래서 나는 아무것도 대답할 수 없었소."

그러면서 디오게네스는 이렇게 덧붙였지.

"누구든 자기가 신을 안다고 생각하는 것은 신을 모르는 것과 같다오."

디오게네스가 위대한 철학자가 될 수 있었던 무슨 이유에서였을까? 그건 바로 자신의 부족함을 인정할 수 있는 겸손함 때문이었어.

생각해 보렴. 자신이 부족하다는 걸 깨달은 사람은 그것을 채우기 위해 더욱 열심히 노력하지 않겠니?

너희들도 마찬가지란다. 지금의 모습에 만족할 만큼 너희가 덕을 실천하고 있다고 생각한다면 그건 큰 오해겠지.

앞으로 살아갈 수많은 나날 동안 너희는 훨씬더 큰 어려움과 고통을 겪을지도 모른단다. 그때를 위해 더욱 겸손해야 한다. 더욱 자신을 낮춰 뼈를 깎듯 노력하고.

할아버지가 좋아하는 말 중에 이런 게 있단다.

"자신이 저지른 나쁜 행동은 쇠붙이에 새기고 좋은 행동은 흘러가는 강물에 새겨라."

너희의 나쁜 행동도 쇠붙이에 새기도록 하렴. 그러면 그것들은 기억에서 영원히 잊히지 않고 너희를 옳은 방향으로 이끌어 줄 거야. 또 너희의 좋은 행동을 강물에 새기면 너희는 언제나 새로운 출발을 할 수 있단다.

할아버지의 말을 명심하렴.

덕과 함께라면 너희들은 정직한 부자가 될 수도 있고, 재능 있는 천재가 될 수도 있어. 또 무엇이든 원하는 미래를 얻을 수 있단다. 성실한 노력을 통해 너희 모두 자신의 꿈을 이룰 수 있게 되길 바란다. 할아버지는 언제, 어디서나 너희들의 행운을 빌어 주마.

이젠 정말 작별의 시간이 다가왔구나. 서운해할 필요는 없단다. 우리는 같은 덕목을 실천하며 살아갈 테고, 늘 덕목의 이름 아래 하나일 테니까.

난 벌써 또 다른 세상을 향해 여행을 하고 있단다. 그 여행을 통해 더 많은 이들과 만나게 되겠지. 난 그런 사람들과 떡에 관한 이야기를 주고받으며 우리의 삶에서 무엇이 가장 중요한가를 함께 생각하게 될 거야. 그 옛날 떡이의 삼촌과 그랬듯이. 또한 너희들과 그랬듯이.

얘들아, 안녕. 함께했던 시간을 영원히 잊지 못할 거야.

너희들의 건강과 행운을 빈다.

—벤 할아버지가

참, 너희들이 비르똔 나무에 대해 궁금해할 것 같아 한마디 남기고 간다. 비르똔이란 에스파냐 말로 '떡'이라는 뜻이란다. 이 편지를 놓고 나오려는데 드디어 꽃봉오리 세 개가 피어나려고 하더구나. 세 송이 꽃들이 풍성한 열매를 맺을 수 있도록 도와주는 건 이제 너희들의 몫이겠지.

그럼 진짜 작별의 인사를 남긴다.

안녕.

벤 할아버지의 친구들

중국 송나라 사람 진요자는
활을 잘 쏘는 것으로 유명했다.

하루는 진요자가 활을 쏘는데
기름장수 노인이 지나갔다.
교만한 진요자는 이렇게 말했다.
"난 무엇이든 맞출 수 있는
활 솜씨를 가지고 있다오."
그 말을 들은 기름장수 노인은 웃음을 터뜨렸다.
"그게 뭐 그렇게 대단하오?
활 쏘는 일이 손에 배어 그런 것일 뿐인데."

기분이 상한 진요자가 소리쳤다.
"기름장수 주제에
감히 내 활솜씨를
우습게 알다니!"

그러자 기름장수 노인은
"이걸 한번 보시오."
하더니 뒤춤에서 작은 호리병 하나를 꺼냈다.

노인은 가운데가 뚫린 작은 엽전으로 병의 입구를 막았다.
그리고 나무 주걱으로 호리병 안에 기름을 부었다.
엽전에 기름이 단 한 방울도 튀지 않았다.

진요자는 너무 놀라 입도
벙긋할 수 없었다. 기름장수
노인은 대수롭지 않은 듯 말했다.
"이 재주도 별 것이 아니라오.
그저 오래 하다 보니
손에 익었을 뿐이지."

진요자는 그만 고개를 숙이고 말았다.
교만함은 자신의 진짜 모습을 보지
못하게 한다. 그래서 교만한 이들은
자기 자신을 이길 수도, 다른 사람과의
경쟁에서도 이길 수 없다.

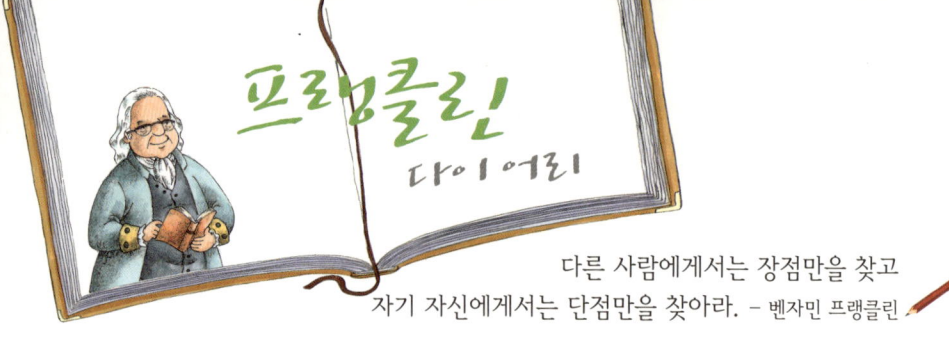

다른 사람에게서는 장점만을 찾고
자기 자신에게서는 단점만을 찾아라. - 벤자민 프랭클린

프랭클린이 성공적인 삶을 살아가기 위해 정한 덕목은 열두 가지였다.
겸손의 덕은 프랭클린이 가장 나중에 정한 덕목이다.
프랭클린은 열두 가지 덕목을 실천한 뒤에는
스스로에게 늘 이렇게 질문했다.
"나는 모든 덕을 잘 지켰다고 자신할 수 있는가?"
하지만 스스로 만족할 수 있을 만큼 덕을 지킨 날은 거의 없었다.
이때부터 프랭클린은 겸손이란 것이 얼마나 중요한 덕목인가를 깨닫게
됐다. 실제로 그는 일흔여덟 살 때 쓴 자서전에서도 이렇게 고백했다.
"많은 노력에도 불구하고 나는 내가 바라는 만큼
높은 덕을 갖추지 못했다. 그래서 나는 더욱 자신을 낮추고,
부족한 부분을 발전시키기 위해 노력할 수밖에 없었다."
'인쇄인 벤자민 프랭클린'
미국 건국의 아버지로 칭송받는 프랭클린의 묘비명은 이렇듯 소박하다.
하지만 그가 수백 년이 지난 오늘까지 존경받는 인물로 남은 것 또한
그런 겸손함 때문이다.
프랭클린은 모든 생활에서 겸손의 덕을 실천했다.
겸손의 덕이야말로 그를 발전시킨 가장 중요한 힘이었다.

마지막 이야기

생명은 때로
자신의 간절한 기도로 빛을 불러들여.
견딜 수 없는 상황이 오더라도 희망을 잃지 마.

.
.
.

포기하지 말고
오직 더 나은 사람이 되겠다고 기도해.
그러면 언젠가는 우리 곁에도

.
.
.

밝은 빛이 가득해질 거야.

아이들은 할아버지의 편지를 탁자 위에 내려놓고 비르뚠 나무를 보았다. 할아버지의 말처럼 세 송이의 꽃이 탐스럽게 피어 있었다. 아이들은 천천히 나무를 향해 다가갔다.

붉은색을 띤 꽃은 무척 아름다웠다. 열세의 잎을 가진 꽃. 꽃잎 하나하나마다 보석처럼 반짝이는 빛이 뿜어져 나왔다. 향기가 은은하게 아이들을 감쌌다.

"비르뚠 꽃. 덕의 꽃이라는 말이네."

찔레가 황홀한 듯 꽃을 보며 말했다.

"흐음, 정말 아름다운 꽃이야."

덕이와 아람이의 입에서도 감탄의 소리가 흘러나왔다.

"열대 지방의 나무가 이 추운 겨울에 이렇게 아름다운 꽃을 피웠어."

찔레의 말을 듣다 보니 아람이의 머릿속에 한 가지 기억이 떠올랐다.

"예전에 할아버지가 하셨던 말씀이 기억나. 덕이가 회장 선거 때문에 우울해하던 날, '생명은 때로 자신의 간절한 바람으로 빛을 불러들이기도 한다.'라고 하셨던 말씀. 아마 비르뚠 나무도 간절한 기도로 빛을 끌어

들였나 봐."

그때였다. 덕이가 화분 아래에서 책 한 권을 발견했다.

"어, 이게 뭐지?"

"벤자민 프랭클린……. 이게 바로 할아버지의 정체란 얘기일까?"

덕이가 책을 집어 들며 말했다.

"아니면 벤자민 프랭클린이 남겨 준 교훈을 지켜 왔던 분인지도 모르지."

찔레가 말했다. 세 아이는 오랫동안 생각에 잠겼다.

"누가 됐든, 그분은 우리한테 햇빛과도 같은 존재였어."

이윽고 덕이가 입을 열었다.

"그럼 우리가 그 빛을 불러낸 거겠네. 우리 자신도 모르는 사이에 올렸던 간절한 기도로 말이야."

갑자기 눈앞이 환해졌다.

"저길 좀 봐."

아람이가 손가락으로 창문을 가리켰다. 덕이와 찔레가 고개를 들었다.

유리창을 통해 들어오던 희미한 겨울 햇살이 점점 짙고

강한 빛으로 변하고 있었다. 햇살은 먼지처럼 가볍게 내려앉아 아이들과 세 송이 비르뚠 꽃을 포근하게 감쌌다.
"우리가 불러낸 빛이 맞나 봐!"
"할아버지 말씀을 언제나 잊지 말자. 견딜 수 없는 상황에서도 더 나은 사람이 되겠다는 희망을 잃지 않는 것 말이야. 그러면 언젠가는 반드시 빛이 우리를 비추게 될 거야."
"우리 그 마음 언제까지나 잊지 말도록 하자."
빛은 아이들을 지나 부드러운 물감처럼 음악실 전체로 퍼져 나갔다.
잠시 뒤 음악실은 환한 빛으로 가득해졌다.

프랭클린의 열세 가지 덕목

벤자민 프랭클린이 인생 지침으로 삼은 열세 가지 덕목

1. **절제** 지나칠 정도로 많이 먹거나 마시지 마라.
2. **침묵** 자신이나 남에게 도움이 되지 않는 말은 하지 마라.
3. **질서** 모든 물건은 제자리에 정리 정돈하라. 모든 일은 시간을 정해 놓고 제때에 하라.
4. **결단** 해야 할 일은 과감히 결심하고 결심한 것은 반드시 실행하라.
5. **절약** 자신과 남에게 이득이 되지 않는 일에는 돈을 쓰지 마라.
6. **근면** 시간을 헛되이 보내지 마라. 항상 유익한 일을 하라.
7. **진실** 남을 속이려 하지 마라. 말과 행동을 일치시켜라.
8. **정의** 남에게 피해를 주거나 자신의 의무를 다하지 않는 잘못을 저지르지 마라.
9. **중용** 극단을 피하라. 상대에게 잘못이 있더라도 온화한 마음으로 대하라.
10. **청결** 몸이나 옷, 주변의 모든 것을 깨끗이 하라.
11. **침착** 사소한 일, 일상적인 일, 피할 수 없는 일에 흔들리지 마라.
12. **순결** 건강이나 자손을 위해 순결을 지켜라.
13. **겸손** 예수와 소크라테스를 본받으라.

프랭클린은 하루의 일이 끝나면 늘 수첩을 펼쳐 들었다.
하루 동안 지킨 덕을 점검하고 기록하기 위해서였다.
프랭클린은 그림처럼 각 쪽마다 빨간 잉크로 가로 7칸을 만들어
일주일을 표시했다. 세로에는 지키려는 덕목의 수만큼
줄을 만들어 표시했다. 그리고 그날 지키지 못한 덕목이 있을 때마다
그날의 칸에 까만 점을 그려 넣었다.
프랭클린은 욕심 부리지 않고 일주일 동안 한 가지 덕목만을
실천하기로 했다. 예를 들어 첫째 주에는 절제의 덕을 지켰다.
하루 일을 생각하며 잘못한 일이 있을 때마다 그 날짜에
검은 점을 그려 넣었다. 이렇게 해서 까만 점이 하나도 없이
깨끗해지면 그 주에는 그 덕이 완전히 몸에 배었다고 생각했다.
그리고 그 다음 주에는 또 다른 덕을 정해 똑같은 방법으로
실천해 나갔다. 이런 방법으로
맨 마지막 덕목까지 실천하는 데는
13주가 걸렸다. 또 1년이면 네 번
정도 똑같은 방법으로 덕을 실천할
수 있었다.
이 방법을 오랫동안 실천한 결과
프랭클린은 13가지 덕을 좋은 습관
으로 만들어 갈 수 있었다.

절제	일	월	화	수	목	금	토
절제							
침묵	●			●		●	
질서			●		●	●	
결단			●			●	
절약			●			●	
근면		●	●				
진실							
정의							
중용							
청결							
침착							
순결							
겸손							

어린이를 위한 시크릿 완성편 프랭클린 스쿨

펴낸날	초판 1쇄 2009년 4월 20일 초판 11쇄 2021년 8월 2일
지은이	전미옥·이우형
그 림	김민선
만 화	강성남
펴낸이	심만수
펴낸곳	(주)살림출판사
출판등록	1989년 11월 1일 제9-210호
주소	경기도 파주시 광인사길 30
전화	031-955-1350 팩스 031-624-1356
홈페이지	http://www.sallimbooks.com
이메일	book@sallimbooks.com

ISBN 978-89-522-1131-6 73190

살림어린이는 (주)살림출판사의 어린이 브랜드입니다.

※ 값은 뒤표지에 있습니다.
※ 잘못 만들어진 책은 구입하신 서점에서 바꾸어 드립니다.

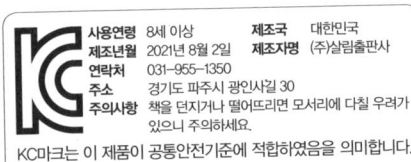

사용연령	8세 이상	제조국	대한민국
제조년월	2021년 8월 2일	제조자명	(주)살림출판사
연락처	031-955-1350		
주소	경기도 파주시 광인사길 30		
주의사항	책을 던지거나 떨어뜨리면 모서리에 다칠 우려가 있으니 주의하세요.		

KC마크는 이 제품이 공통안전기준에 적합하였음을 의미합니다.